# PRONTUARIO DEL ACERO

## TRATAMIENTOS TÉRMICOS.
## FUNDICIONES

ROBERTO GOLD

# PRONTUARIO DEL ACERO

## TRATAMIENTOS TÉRMICOS. FUNDICIONES

LIBRERÍA Y EDITORIAL ALSINA
PARANÁ 137 – Tel. 373-2942 - Fax 4371-9309 – BUENOS AIRES

2 0 0 4

Queda hecho el depósito que establece la ley 11.723

© 2004 *by* Librería y Editorial Alsina

ISBN 950-553-123-0

*Mi eterno agradecimiento
a quienes con su aliento permanente
hicieron posible este libro:
mis hijos Mónica y Cristian.*

*"CUANDO PENSAMOS EN JUSTICIA,*
*SEGURIDAD Y CARIÑO, EN NUESTRA MENTE*
*SIEMPRE ESTÁ EL ABUELO ROBERTO."*

Tus nietos

Julieta, Javier y Antonella

## Empresas y obras consultadas

Aceros HUDDEHOLM
Aceros Maratón
Aceros Poldi
Aceros Skoda S.A.Calvo Rodes
Acíndar S.A.
Apraiz Barreiro
Dálmine S.A.
De Kirpatrik, *El magnesio y las fundiciones*, Pontecorvo, Madrid.
BLI-PAC (laboratorios medicinales)
ABS. BAUER (Laboratorios químicos. Consultora. Normas ISO)
JOTAG SA. (Div. tratamientos especiales)
SHELL (Div. lubricantes) Carlos Gold y asociados. Corrientes
    (Argentina)
Universidad del Noreste Argentino
Almagro Vial (Div. Repuestos Originales )
ETMA S.A. Rafaela (Div. Tratamientos Térmicos)
Eugenio Fallone e Hijos S.A. (Div. El acero sintetizado)
Ing. Hoffman, *La industria del metal*, París, 1961.
Ing. Lodeiro Blanco, Universidad Nacional de La Plata, 1945
Ing. Navarro, *Tecnología de los aceros especiales*, Universidad
    Nacional de La Plata, Apuntes.
Ing. Rasley, *El libro de los metales fundidos*, Tecnos S.A., Madrid,
    1947/48.
Ing. Sokolyama, *Gases de los metales fundidos*, Tokio, 1976.
Inoxidables Magdalani S.A.
*Metal Handbook*, New York, 2003, Standard Steel.
TECHINT S.A. (Div. Aceros Especiales)
Universidad Nacional de Córdoba

# Indice

# PRóLOGO

Este libro pretende ser un pequeño aporte para aquellos que vendrán... También es mi deseo llegar a los obreros, alumnos, técnicos, profesionales y a esos maestros en el arte de enseñar que son los profesores de la educación media y universitaria. Asimismo a los pequeños empresarios metalúrgicos que día a día hacen nuestro país, la mayoría de las veces ignorados por mantener un bajo perfil en su labor diaria, a veces titánica y otras desmoralizante.

Aquí les entrego en forma sucinta lo imprescindible y también lo más importante de la vida del acero.

Vaya mi reconocimiento a los obreros que me acompañaron durante cuarenta años, a las empresas proveedoras de aceros y a mis más apreciados clientes, en especial a TECHINT S.A.

ROBERTO GOLD

# 1. LOS ELEMENTOS QUÍMICOS DEL ACERO

## Aluminio

Es el desoxidante usado con más frecuencia. El aluminio reacciona con el nitrógeno disminuyendo la sensibilidad al envejecimiento; en pequeñas cantidades tiene la particularidad de afinar el grano.

Debido a su gran inclinación a formar nitruros y por la elevada dureza de estos nitruros de aluminio, suele agregarse aluminio a los aceros nitrurados; también lo contienen los aceros refractarios.

## Boro

Con el boro, los aceros para tratamientos térmicos mejoran notablemente la templabilidad en piezas de gran diámetro, y confiere un temple total al núcleo de los aceros de cementación.

Otra característica es que mejora la tenacidad y la resistencia a la corrosión.

## Carbono

La característica más sobresaliente del carbono es que aumenta la resistencia a la tracción, haciéndolo apto para el temple. Sin carbono no hay acero. Los aceros al carbono industriales tienen un contenido de carbono que va desde 0,06 hasta 1,50%; los aceros para construcción por lo general de 0,10 o menos hasta 0,90 %. A mayores contenidos de carbono disminuye la soldabilidad, la maquinabilidad y la forjabilidad del acero.

## Cerio (tierras raras)

El cerio es un poderoso agente antioxidante y desulfurante. En aceros altamente aleados mejora el forjado y fundido en caliente y en aceros con resistencia térmica frena la formación de cascarilla. En aleaciones para calefactores aumenta su duración.

## Cobalto

El cobalto aumenta la dureza y la resistencia; no forma carburos (lo cual es muy importante) y frena el crecimiento de granos a elevada temperatura.

## Cromo

El cromo aumenta la penetración del temple. Según sea su composición química puede ser enfriado al agua o al aceite. Es gran formador de carburos y aumenta notablemente la resistencia a la tracción. En un cortante aumenta su desgaste y su resistencia.

Con un porcentaje de 13% se vuelve casi inoxidable y es de alta resistencia a la corrosión.

La conductibilidad térmica del cromo es baja, así como también la térmica.

## Cobre

El cobre aumenta el límite elástico y la relación límite de fluencia/resistencia a la tracción. También aumenta la templabilidad. Con contenidos de 0,5 % mejora notablemente su resistencia a la intemperie. Los aceros con 1% de cobre incrementan la estabilidad en aceros altamente aleados inoxidables, sobre todo con los ácidos clorhídrico y sulfúrico.

En general el cobre no le hace bien al acero aleado, pero aumenta su mecanización en forma notable.

## Magnesio

El magnesio es un poderoso desulfurante, sobre todo en hierro fundido y en aceros de alto carbono, por ejemplo aceros para herramientas, a cuya estructura le confiere una formación esferoidal.

## Manganeso

Los aceros con más de 0,8% de manganeso se consideran aleados (EN41 norma inglesa).

Es frágil en caliente. Es desoxidante. Neutraliza el sulfuro férrico. Combinado con el azufre en la fabricación de aceros de colada continua aumenta la resistencia a la tracción.

Incrementa la profundidad del temple de los aceros.

Los aceros con más de 12% de manganeso son austeníticos y muy tenaces. Por impacto se produce en la superficie un endurecimiento por la conformación en frío; ello es consecuencia de la formación martensítica mientras el grano queda muy tenaz.

Aceros con más de 18% de manganeso no son magnetizables.

Aceros con contenidos de 16 a 18% de Mn y 10% de cromo se destacan por su resistencia a la corrosión.

## Molibdeno

Junto a otros elementos de aleación el molibdeno aumenta el límite elástico, la resistencia al calor y al desgaste continuo. La famosa fragilidad *krupp* que se produce después del revenido en aceros altamente aleados se reduce con bajos porcentajes de Mo, el que favorece la formación de una estructura de grano fino y también de un temple a fondo. Es un enérgico formador de carburos, lo que mejora las propiedades de corte en aceros rápidos.

El molibdeno se asemeja al tungsteno en cuanto a su comportamiento; una parte de molibdeno es aproximadamente semejante a 2 de tungsteno.

## Nitrógeno

En los aceros de grandes aleaciones el nitrógeno disminuye la tenacidad, tiende a formar inclusiones y con ello provocar corrosión intercristalina y a veces grietas.

Estabiliza los aceros austeníticos y mejora las características mecánicas en caliente. Con nitrógeno se logran los llamados aceros nitrurados, temples superficiales debido a capas nitradas mediante difusión (nitruración gaseosa).

## Niobio y tantalio

Son muy parecidos; se encuentran casi siempre unidos y es muy difícil separarlos. Suelen agregarse juntos. Son enérgicos formadores de carburos.

Son fundamentalmente estabilizadores en aceros austeníticos al cromo-níquel anticorrosivos.

El niobio incrementa la resistencia en caliente y neutraliza el desgaste continuo, por lo cual se añade a los aceros austeníticos a elevada temperatura.

## Níquel

El níquel aumenta el límite elástico y la resiliencia (esta última también a bajas temperaturas), por ello se prefiere en los aceros de cementación. Se utiliza en aceros para temple y revenido y también para aceros resistentes al frío 50 °C bajo cero). Con el cromo produce una buena penetración de temple. El níquel tiende a formar austenita a temperatura ambiente, sobre todo en los aceros cementados en baños de sales. Disminuye fuertemente la conductibilidad térmica y eléctrica.

## Plomo

El plomo no es soluble en acero. Junto con el azufre y en pequeñas cantidades produce una mejor maquinabilidad, ya que forma virutas cortas y así prolonga la vida útil de la herramienta para arranque de viruta. No altera las características mecánicas.

Durante la fabricación representa algún peligro por los vapores venenosos que se desprenden.

## Silicio

Aceros con más de 0,5% de silicio se consideran aceros aleados. El silicio aumenta el límite elástico en forma muy marcada, por lo cual es ideal para la fabricación de elásticos y resortes.

Tiene gran resistencia al desgaste; con 1% de silicio se obtiene una mayor resistencia a la oxidación. Los aceros al silicio son indicados por su baja conductibilidad, por eso es indispensable en la fabricación de chapas para transformadores y dínamos.

## Titanio

Tiene gran tendencia a formar carburos. En elevados porcentajes se utiliza para la fabricación de aleaciones para imanes permanentes. El titanio incrementa la resistencia térmica y tiende a las segregaciones. Se utilizan chapas de titanio en los recubrimientos de los cohetes impulsores de satélites.

## Vanadio

El vanadio es el que tiene mayor tendencia a formar carburos. Eleva la resistencia al recalentamiento. Añadido a la aleación de aceros rápidos mejora la resistencia del cortante y la estabilidad al revenido. El vanadio con cromo es ideal para aceros para construcciones y aceros resistentes al calor, y, en asociación con el tungsteno, para aceros rápidos y aceros de herramientas destinados a trabajos en caliente. Se adapta muy bien a la fabricación de resortes (para automóviles).

## Wolframio

Llamado también tungsteno. Gran formador de carburos simples y dobles, que aumenta su gran resistencia a cualquier tipo de cortante, aun a elevadas temperaturas. Se puede templar al aire, frenando así el crecimiento del grano. Es muy estable en el revenido. Es el acero ideal para trabajos en caliente, hasta temperaturas de 500-600 °C.

## Teluro

Poderoso desoxidante utilizado en la industria del aluminio y en fundiciones especiales.

# 2. EXPLICACIÓN DE TÉRMINOS TÉCNICOS

## Afinidad

Es la variada tendencia de los elementos químicos de combinarse en una unión, por ejemplo Fe + O = FeO.

## Hierro alfa

Es la forma pura de hierro, constante, centrada en el espacio y resistente hasta 911 °C; puede llegar a 920 °C. A estas temperaturas pasa a la forma gama, cúbica y centrada en el plano. El hierro alfa es magnético hasta los 769 °C.

## Envejecimiento

Luego de haber sido conformados, los aceros pueden perder su tenacidad cuando se almacenan por largo tiempo (estiramiento, acritud, rotura prematura, etc.).

## Austenita

Se llama así a los cristales gamma del hierro. La austenita posee gran solubilidad en el carbono por adición de algunos elementos como níquel, cromo y manganeso, por ejemplo. Los aceros aleados de tal forma se llaman austeníticos. La austenita es estable a temperatura ambiente. Su estructura es anamagnética, tenaz y endurece en la conformación en frío. Se usa en medicina (válvulas para el corazón). Fue descubierta por el inglés Robert Austin, de allí su nombre.

## Ferrita

Es el cristal mixto alfa que contiene hierro casi puro. Puede disolver hasta 0,04% de C. Un acero ferrítico no sirve para tratamiento térmico.

## Corrosión intercristalina

Se trata de uno de los muchos fenómenos de corrosión, y consiste en la destrucción del metal por reacción química o electroquímica. El acero pierde cohesión a causa de ese ataque. La corrosión intercristalina por *tensiones* se comporta de la misma manera , es decir pierde cohesión intergranular.

## Carburos

Son las uniones químicas del carbono con metales, por ejemplo el carburo férrico = $Fe_2C$ es muy duro y determina en forma decisiva las características mecánicas de los aceros, sobre todo su dureza, su resistencia a la tracción, así como su capacidad de corte y resistencia al desgaste (por ejemplo, en los aceros para herramientas).

## Resiliencia

Se mide mediante un martillo de péndulo y el resultado del ensayo se expresa en m/kg, el trabajo necesario para romper a golpes una probeta entallada de determinada sección primitiva (en $cm^2$). Es un coeficiente de calidad y no puede utilizarse en elementos de construcción. La resiliencia revela la tenacidad de un acero. Se usa por ejemplo para saber el efecto que produce el temple y el revenido o la tendencia de un acero al envejecimiento.

## Orientación granular

La estructura del acero se compone de una infinidad de granos que después de la colada, en estado solidificado, no se hallan uniformemente distribuidos.

Durante la conformación los granos se estiran en el sentido de la laminación, por ejemplo, y luego de un tratamiento térmico se distribuyen uniformemente. Las chapas de acero al silicio, luego de ser cortadas, deberán ser tratada a una temperatura que supera los 980 °C con el fin de eliminar en forma total la orientación que es muy perjudicial en la fabricación de transformadores.

## Segregación

Es un amontonamiento de hierro que se forma durante el endurecimiento del acero en el lugar donde la solidificación es más lenta, es decir en el interior del lingote y cerca del rechupe central.

## Arrabio básico

Es un hierro bruto fundido en alto horno con elevados contenidos de manganeso (2% a 6%) y porcentajes menores de silicio. En la Argentina, los primeros arrabios de Zapla eran muy dañinos por su alto contenido de azufre.

## Límite elástico - Resistencia a la tracción - Alargamiento - Estricción

Son los ensayos realizados en una probeta para determinar su rotura en la máquina diseñada para tal fin.

El *límite elástico* es la tensión máxima a la cual se puede someter la probeta, de forma tal que al cesar la tensión recupera su forma primitiva. Es un valor importante frente al esfuerzo estático. Con carga adicional se rompe la probeta.

El *alargamiento* está determinado por la medida (en porcentaje) con la cual se aumenta la longitud inicial de la probeta.

La *estricción* indica la relación entre la sección inicial de la probeta y la sección reducida del lugar de rotura. También se mide en porcentaje.

## Ultrasonido

Para el ensayo no destructivo de productos de acero se emplean ondas ultrasónicas, es decir ondas de sonido de alta frecuencia.

Desde un cuarzo oscilante se introduce el sonido, que pasa a la probeta de acero a través de un líquido de acoplamiento; se difunde sin disturbio y refleja en un cuarzo oscilante fallas tales como grietas, huecos, etc. La corriente alternada pasa por un reforzador tubular y se registra con un instrumento de medición, que por lo general es un oscilógrafo catódico con pantalla luminosa. En la actualidad existen aparatos portátiles muy seguros y se usa por lo general en caños de grandes dimensiones para gasoductos.

## Puntos de transformación

En el calentamiento y enfriamiento del hierro puro aparecen alteraciones bruscas de temperatura que caracterizan los niveles donde se realizan transformaciones cristalinas.

Se denominan $AC_1$, $AC_2$, etc. y $AR_1$, $AR_2$ en el enfriamiento (ver diagrama hierro carbono).

Los puntos de transformación son variables y dependen de la composición química, el método de fabricación, la chatarra utilizada, la composición química del arrabio, etcétera.

# 3. LA ESTRUCTURA DEL METAL

La industria utiliza materiales de todo tipo, pero los que han adquirido mayor relevancia son los que abundan en la naturaleza.

Todos los metales poseen, en mayor o menor grado, altos calores específicos, buena conductibilidad térmica y eléctrica. Lo más interesante es que algunos son capaces de deformarse totalmente y sin que sufran roturas, según lo demuestra su configuración atómica.

Si realizamos una fractura a una pieza de metal, veríamos que está formada por granos, chicos y grandes, y esto nos revela que el metal no está formado por una estructura homogénea sino que existe un conjunto de granos unidos entre sí muy íntimamente. Si observamos esta fractura con el microscopio veremos su verdadera y definitiva estructura.

Cada metal tiene una estructura cristalina característica, en cambio la estructura granular depende del proceso de solidificación.

Durante la fabricación del metal son importantes varios aspectos, a saber: velocidad de enfriamiento, velocidad de colada, temperatura, sistema de fundición, preparación y también el medio donde se funde el metal (crisoles, tierra, ladrillos refractarios, etc.).

La velocidad de colada y la temperatura son las que van a regular finalmente si el tamaño del grano será fino o grueso (a más lentitud, mayor el tamaño).

# 4. LAS ALEACIONES

La más importante particularidad de los metales es que pueden unirse entre sí, formando así distintos tipos de aleaciones.

Cada país productor de estas aleaciones lo resume en normas, que luego son volcadas a tablas que pueden ser consultadas para fabricar una pieza correctamente.

Se sobrentiende que todos los metales en estado líquido para poder unirse deben estar en relación estequiométrica y así formar aleaciones útiles para un fin determinado.

Cuando una aleación está formada por dos o más componentes y uno de ellos es insoluble, en otra se forma una eutéctica (fundición). Más adelante veremos con más detalle cada una de las aleaciones y combinaciones que se pueden realizar.

Los aceros son aleaciones de hierro y carbono, este último en proporciones menores que 1,80% pues es el límite de saturación del carbono en hierro.

La solubilidad en el hierro va disminuyendo hasta una temperatura cercana a los 1.150 grados centígrados, y digo cercana porque cada fabricación (colada) conlleva una serie de variaciones que dependen, entre otros factores, de la chatarra utilizada en la fabricación de la aleación, así como también del arrabio, los ladrillos del horno, el medio de calentamiento, la temperatura final, etcétera. Al solidificarse los aceros forman un solo constituyente ($Fe_2$-C).

El máximo de solubilidad que alcanzan los aceros al carbono es de 0,88%; a partir de esa cifra se pueden formar muchas aleaciones con distintos elementos químicos que existen en la naturaleza.

Un acero es 98% hierro y 0,2 a 0,3% C, Mn, Ni, Cr, W, V, Co, etcétera.

# 5. CAMBIOS DE ESTRUCTURAS CON LA TEMPERATURA

El primer cambio se produce a los 723 °C, que a partir de ahora llamaremos *primer punto crítico*.

A esa temperatura se inicia una transformación parcial, originándose la estructura llamada *austenita*, que es la solución sólida de $C_3Fe$ en hierro gamma. Como ya vimos, es la transformación que se produce inicialmente para las concentraciones de carbono.

Para el punto S, llamado *eutectoide* y que constituye la perlita, la cantidad de austenita irá en aumento a expensas de la desaparición de ferrita, hasta llegar a un punto de la línea GS en que teóricamente (atención, teóricamente) toda la estructura es austenítica (aproximadamente 768 °C).

Si ahora se realiza el proceso inverso, es decir, enfriamos desde el estado austenítico, se producirá el efecto contrario, vale decir, la estructura inicial ferrita-perlita. *Todo este proceso se sobrentiende que está hecho en condiciones ideales, respetando el tiempo y la temperatura que es necesario mantener para la difusión y homogeneización correctas (para un acero de 0,20%).*

Estas líneas de transformación se llaman $Ac_1$ y $Ac_3$ en un acero hipoteutoide y Acmn en un hipereutectoide; en cambio en el enfriamiento se denominan $Ar_1$, $Ar_2$ y $Ar_{cm}$.

Todo está en función del contenido de carbono y las velocidades de enfriamiento. Así, por ejemplo, enfriando bruscamente un acero al carbono de 0,40%, formaremos una nueva estructura denominada *martensita*, que es del tipo acicular (en forma de agujas). La martensita es una solución sólida de carbono en hierro alfa, estado que ha modificado en parte su disposición atómica para poder retener dicho carbono en solución.

# 6. LA CURVA DE LA "S"

Entendiendo la curva de la "S" comprenderemos acabadamente el tratamiento térmico en todas sus fases (diagrama, tiempo, temperatura, transformación). Los *tiempos* y las *temperaturas* se representan mediante curvas que nos indican el tiempo que tarda un acero austenizado (mantenido a temperatura constante, entre la crítica y la ambiente) en empezar y terminar su transformación o la descomposición de su austenita. En el gráfico se reproduce la transformación de la austenita en un acero eutectoide.

Si trazamos en él curvas que corresponden a velocidades crecientes de enfriamiento, según los puntos en que corten a las curvas de principio y fin de la transformación, podemos predecir los resultados de tratamiento por ellas representado. En este caso la curva corresponde a un enfriamiento muy lento, que corta a las cortas, lo cual nos indica que el acero, al alcanzar su enfriamiento desde una temperatura inferior Ac1, empezará a transformarse en los productos que corresponden a la reacción isotérmica a dicha temperatura. A medida que vaya descendiendo se originarán estructuras más bajas, hasta que al final se producirán las que corresponden a la perlita con otras estructuras intermedias. Un enfriamiento a la velocidad de la curva 2 dará lugar a la perlita al iniciarse. Una temperatura de 723 °C no llega a cortar el fin de la

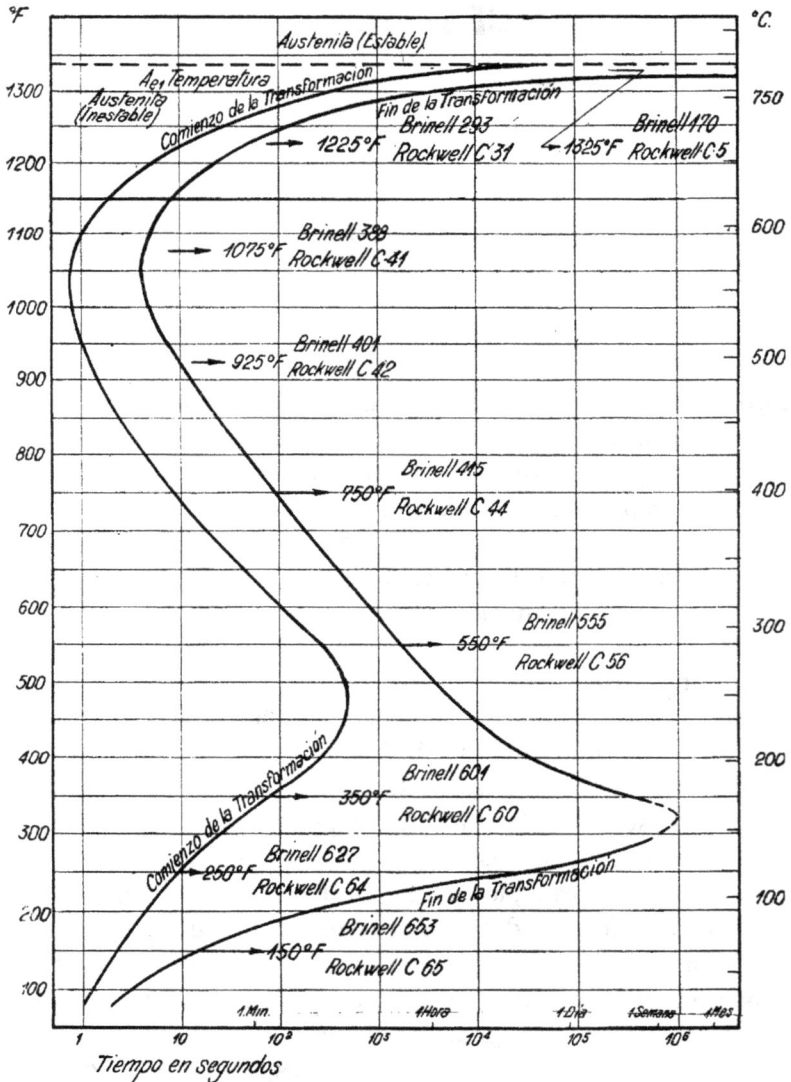

Transformación de la austenita en un acero de 0,83% de carbono
(a temperatura constante por debajo de la crítica).

transformación, sólo se habrá transformado parcialmente y el resto continuará su enfriamiento sin alterarse hasta que llegue a la corresponde a la MS, *principio de la formación de la martensita*. Cuando se inicia la formación de ésta, sólo progresa conforme desciende la temperatura, independientemente de la velocidad a que se enfría el acero, hasta que la temperatura termina la reacción y toda la austenita residual se transforma en martensita. El tratamiento, pues, habrá producido una mezcla de perlita bainita y martensita, por lo que se deduce que el tratamiento térmico es incompleto, ya que no se obtiene martensita pura. Para lograr martensita pura deberemos enfriar el acero a una velocidad mínima que, siendo tangente a la curva del principio de transformación, no iniciará la transformación y mantendrá a la austenita sin transformar hasta el punto MS, en que se transformará en martensita 100 pura que exige el temple ideal.

Cualquier velocidad superior tiene igual resultado, por lo tanto es redundante enfriar a mayor velocidad que la que constituye la *velocidad crítica de temple*.

Resumiendo, diremos que para el acero eutectoide *sólo a una velocidad* y sólo a una se podrá obtener el temple perfecto, es decir martensita. Luego vendrán los distintos revenidos a las temperaturas determinadas para lograr una resistencia (véase temple isotérmico).

No olvidemos que la templabilidad dependerá de la composición química del acero y del tamaño del grano, así como del medio de enfriamiento. Deberán respetarse los diámetros y la masa total del acero deberá estar de acuerdo con la cantidad de líquido de enfriamiento y con la turbulencia dentro del medio, con el fin de obtener una transformación total sin puntos blandos.

Bainy Davenport, metalurgista americano, realizó un estudio que reproducimos a continuación.

El proceso es el siguiente:
1) calentamiento hasta lograr el estado austenítico;
2) enfriamiento rapidísimo hasta la temperatura a la cual se desea conocer la marcha de la descomposición de la austenita;
3) mantenimiento a dicha temperatura todo el tiempo necesario para completar la transformación;
4) enfriamiento hasta la temperatura ambiente.

Si esta marcha se realiza con distintas temperaturas, se puede conocer entonces cómo se descompone la austenita. Veamos cómo se realiza dicho estudio, su representación gráfica y la importancia del mismo.

Por ejemplo, tomemos un lote de probetas de aceros al carbono con composición química correspondiente al eutectoide (0,87%). Las probetas deben ser lo suficientemente pequeñas como para evitar el efecto masa (a mayor diámetro, menor velocidad de enfriamiento). Llevamos todas a estado austenítico, por calentamiento, hasta la temperatura conveniente. Retiramos una parte de las probetas y las sumergimos rápidamente en un baño de sales fundidas a la temperatura a la cual se desee estudiar la transformación de la austenita (desde 280 °C hasta 320 °C). En esta parte de nuestro trabajo hemos realizado un enfriamiento hasta la temperatura de estudio, y por lo tanto se ha evitado, en los recipientes sumergidos en el baño de sales, la descomposición de la austenita a perlita. Si vamos retirando las probetas una a una y sumergiéndolas rápidamente en agua a temperatura ambiente, obtendremos para cada una de ellas un estado diferente.

Si de cada recipiente se toma una microfotografía podemos conocer los cambios producidos, determinando así la iniciación y el fin de la transformación de la austenita a la temperatura que se estudia (ver figura). Es lo que como resultado nos da la curva de la "S" *la relación temperatura-tiempo*, fundamental para el tratamiento de los aceros.

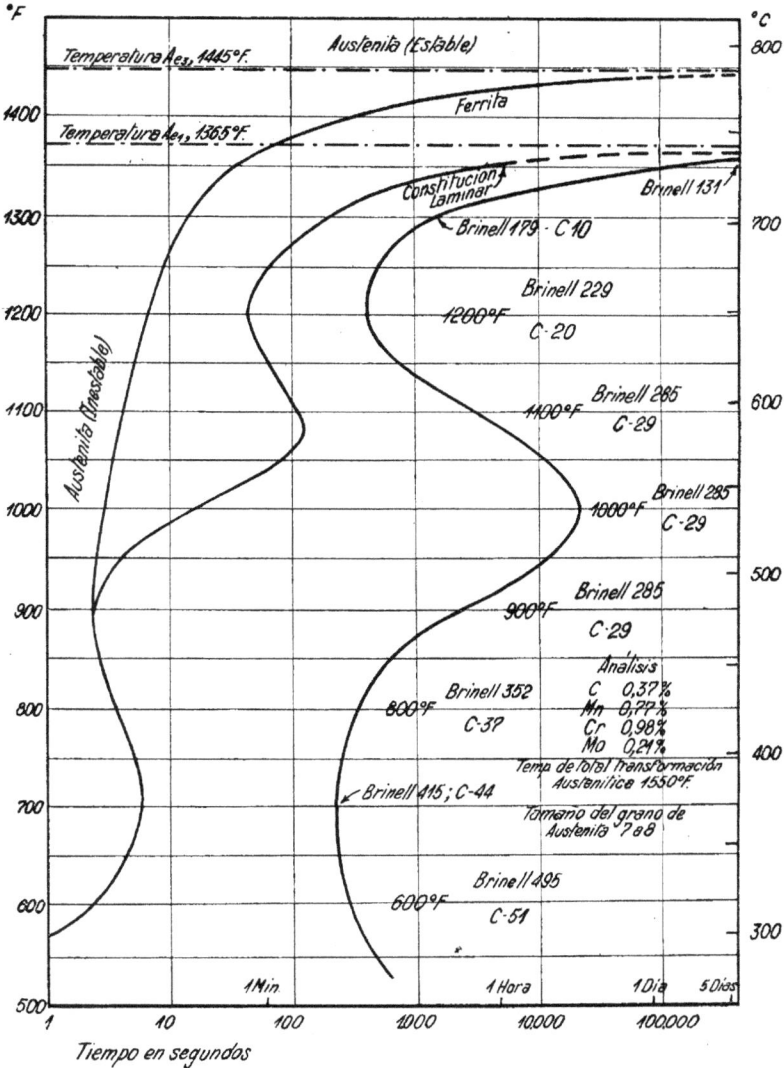

Transformación de la austenita de un acero SAE 4140 (a temperatura constante por debajo de la crítica).

# 7. ELEMENTOS DE ALEACIÓN DE LA AUSTENITA

Uno de los efectos que más interesan en los tratamientos térmicos es el que se produce en la transformación al estado austenítico.

Mediante el tratamiento térmico se logra el estado austenítico y luego, por control de la transformación de dicha austenita durante el enfriamiento se obtiene la estructura que se desea. Por lo tanto es importante conocer cómo se modifica la austenita durante la aleación.

Se debe tener en cuenta que habrá ciertos casos en los que por exceso de elementos de aleación no será alcanzado el estado austenítico y por lo tanto no se podrá tratar térmicamente.

Cuando el enfriamiento es lento se produce una estructura perlítica. Ya vimos que los elementos se reparten por un lado como solución sólida en la ferrita y por otro formando carburos complejos. En el primer caso se mejoran las propiedades mecánicas de la ferrita y en el segundo aumentan la dureza de los carburos y las condiciones de resistencia al desgaste del acero.

La dureza de la martensita se logra primordialmente por el carbono, pero lo más importante para transformar la austenita en martensita es el enfriamiento; dado que los elementos de aleación lo retardan, debemos lograr el medio de enfriamiento correcto en cada caso.

Siempre deberemos tener en cuenta para tal fin la curva de la "S". Por ejemplo el cromo y el molibdeno provocan un desplazamiento de la curva hacia la derecha.

El tamaño del grano austenítico es otro de los puntos fundamentales del tratamiento térmico. Si bien no se ve con el microscopio en forma directa, debemos recurrir al ensayo de *Mac-Quaid* cuando la procedencia del acero no es conocida. Una manera es recocer un trozo del acero a tratar con enfriamiento controlado y observar la perlita (tamaño de grano ASTM Sociedad Americana de Ensayo de Materiales). El aumento del tamaño de grano sólo se produce si el acero no fue bien colado (exceso de temperatura, mala desoxidación, demasiada velocidad de colada, etc.). Durante el proceso de tratamiento térmico sólo aumentará el tamaño del grano austenítico si la temperatura es superior 70 °C-100 °C por encima del tercer punto crítico correspondiente a la aleación a templar (el tercer punto crítico varía entre 870 °C y 890 °C), para aleaciones de Cr-Ni-Mo-V, con variación de carbono de 0,20% a 0,60%.

Podemos agregar que cuanto más fino es el tamaño del grano mayor es la tenacidad del acero que se obtiene y cuanto más grande es el tamaño del grano, el acero es más susceptible al temple y se logra mayor maquinabilidad.

El tamaño de grano austenítico producido por tratamiento térmico es de difícil recuperación, aunque algunos autores lo confunden con el tamaño de grano aparente (perlita), que sí puede recuperarse por medio de un tratamiento adecuado de la aleación. En este caso deberá cuidarse muy estrictamente el medio de enfriamiento cuando se temple, dado que la austenita de mayor tamaño se transformará en agujas de martensita más gruesa y por lo tanto puede producir roturas o microfisuras que no se observan a simple vista, como por ejemplo en las pistas de rulemanes, donde las esferas o engranajes requieren un rectificado delicado.

# 8. LOS MICROCONSTITUYENTES DEL ACERO

En este apartado estudiaremos la constitución que da al acero sus distintas propiedades, tanto mecánicas como físicas y que van a influir indirectamente en nuestra calidad de vida (automóviles, tractores, aviones, utensilios, etc.). En efecto, el acero presenta una amplia gama de valores físicos y mecánicos, variedad que puede ser obtenida por distintas composiciones químicas y por diferentes tratamientos térmicos. Cada modificación de la estructura puede ser controlada y por lo tanto también las propiedades mecánicas del acero.

Como ya vimos, el acero está constituido, en su forma más elemental, por la aleación de Fe-carbono, cuyo diagrama de equilibrio es el *diagrama hierro-carbono*. Los aceros comerciales difieren un poco de dicha aleación por la presencia de pequeñas cantidades de silicio, manganeso, fósforo y azufre, que no se consideran elementos de aleación salvo que se aumenten intencionalmente, como veremos más adelante.

El hierro presenta dos estados alotrópicos fundamentales, alfa ($\alpha$) y gamma ($\gamma$), que tienen distintas características y que se diferencian por su disposición atómica.

El estado gamma responde a la disposición llamada "a caras centradas" o sea que cada átomo es el centro de un cubo. El estado alfa, en cambio, adopta la disposición de cubos centrados, donde los átomos ocupan el centro del cubo y sus vértices. En

## DIAGRAMA HIERRO-CARBONO

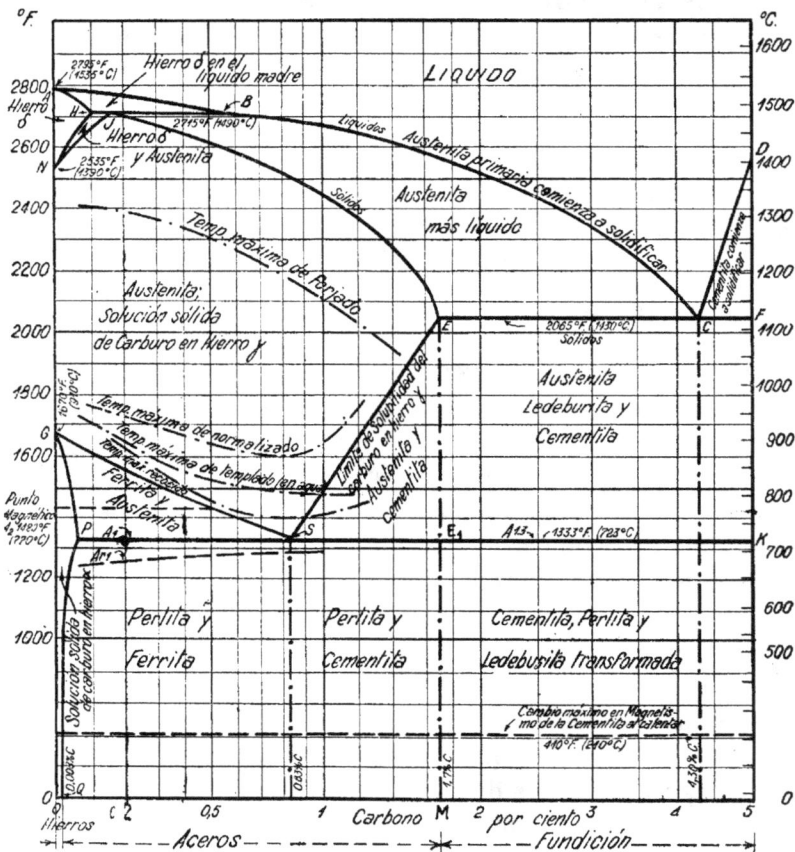

la práctica, el estado gamma se traduce en una alta ductibilidad y por ende es de fácil deformación. El estado alfa, en cambio, confiere alta resistencia a la tracción.

Sabemos que cuando el hierro forma aleación con el carbono da origen a los aceros y fundiciones, y en este punto es donde debemos volver a los estados alfa y gamma del hierro, pues ambos tienen distinta capacidad para disolver el carbono, es decir formar la solución sólida correspondiente.

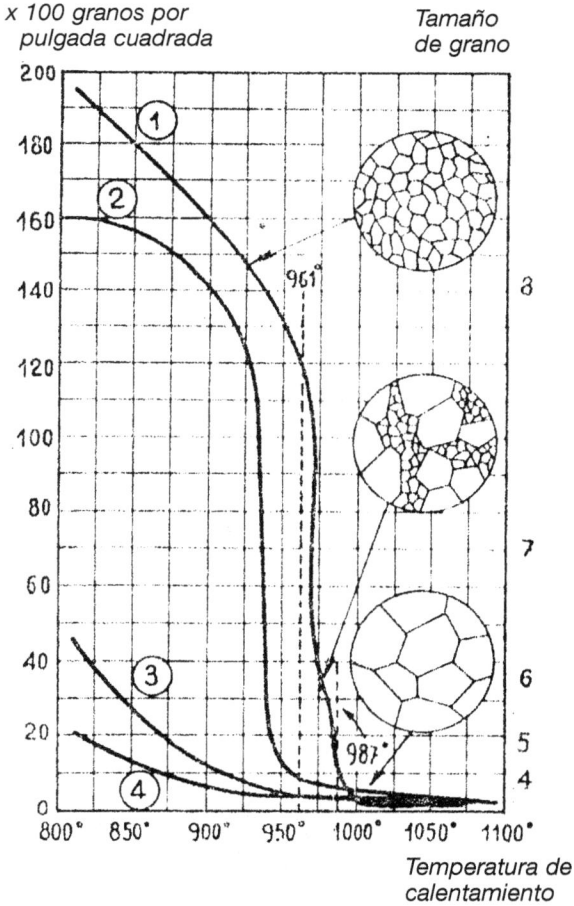

Crecimiento del tamaño de grano en dos aceros de grano grueso y en dos de grano fino al ser calentados a diversas temperaturas durante una hora (Apraiz).

# 9. LAS ALEACIONES Y SUS CARACTERÍSTICAS

## Manganeso (Mn)

*Características*
a) solubilidad en la austenita total;
b) solubilidad en la ferrita hasta un 20%;
c) puede formar carburos especialmente con el hierro y en más baja medida con el cromo.

*Efectos*
a) aumenta la resistencia a la tracción de la ferrita;
b) disminuye las temperaturas cíclicas de transformación;
c) hace más lenta la transformación de la austenita en el enfriamiento, lo cual le otorga una mayor templabilidad.

Los aceros al manganeso pueden ser perlíticos o austeníticos. En los perlíticos el contenido de carbono varía entre 0,20% y 0,45%. Con bajo carbono se utiliza para cementación, por ejemplo SAE 8620, 3115, 5120, etc., retarda la transformación de la austenita, impide la separación de la cementita que comúnmente se dispone en el espacio entre granos (lo cual hace quebradiza la capa cementada) y retiene la austenita en el temple.

### Aceros austeníticos al manganeso

Con una combinación apropiada del manganeso y del carbono es posible obtener estructuras totalmente austeníticas a temperatura ambiente, por medio de un enfriamiento brusco desde una temperatura de aproximadamente 1.000 °C. La recomendable es 1% de C y 11% de Mn las piezas hechas con este material.

En rompepuntas de asfalto presenta cementita libre y es necesario realizar un nuevo calentamiento a 1.000 °C; cuando se disuelve toda la cementita y por enfriamiento al agua se obtiene una estructura austenítica de gran tenacidad, cuya estructura superficial con un continuo trabajo de martilleo puede transformarse en martensita (por efecto de la temperatura de trabajo) y así obtener gran capacidad para resistir al desgaste, al ser su núcleo austenítico.

# Cromo (Cr)

*Características*
a) solubilidad en austenita hasta un 25%;
b) solubilidad total en ferrita;
c) gran poder de formar carburos simples, dobles y aun complejos.

*Efectos*
a) aumenta levemente la capacidad templable del acero;
b) aumenta la capacidad de resistencia a la corrosión y oxidación (aceros inoxidables);
c) aumenta la resistencia al desgaste en los aceros con alto carbono.

Según el contenido de cromo, los aceros pueden presentar las siguientes estructuras:

— entre 0% y 2% los aceros son perlíticos;
— entre 2% y 17% son martensíticos;

– entre 17% y 35% son ferríticos;
– entre 10 y 30% son austeníticos por el agregado de níquel o manganeso.

Como dijimos, el cromo aumenta levemente la capacidad de temple, es decir baja la velocidad de enfriamiento, o sea aquella velocidad por encima de la cual ya se produce estructura martensítica.

Para un contenido de C de 0,40% se tiene

| | |
|---|---|
| Velocidad crítica de enfriamiento | 540 °C/seg |
| Con 0,5 de carbono (C) | 385 °C/seg |
| Con 1% de C | 90 °C/seg |
| Con 2% de C | 6 °C/seg |

El cromo aumenta la resistencia a la tracción, pero siempre hay una pérdida de tenacidad, de allí que no se use solo cuando se requieran ambas propiedades, en cuyo caso se utilizan níquel o manganeso.

El cromo aumenta la resistencia a la abrasión, de allí su uso para pistas de rulemanes, bolillas, rodillos, etc. El acero, en este caso, contiene 1% de carbono y hasta 1,60% de cromo (SAE 52100).

## Níquel (Ni)

*Características*:
a) solubilidad en la austenita total;
b) solubilidad en ferrita hasta un 30%;
c) no tiene capacidad para formar carburos.

*Propiedades*
a) gran poder para fortificar la ferrita;
b) gran aumento de la tenacidad y en especial a bajas temperaturas;
c) capacidad de temple muy baja.

Como se ve, la propiedad relevante del níquel es la de un aumento de la resistencia sin pérdida apreciable de la ductilidad y la tenacidad. Tiene una marcada acción sobre las temperaturas de transformación, lo cual afecta indirectamente a los aceros de la siguiente forma:

- en los aceros de cementación permite trabajar a menor temperatura, con lo cual la composición del espesor de la capa cementada es algo menor en el contenido de carbono y por lo tanto es menos quebradiza, sobre todo durante el rectificado (impidiendo el clásico *craqueleo* por rectificado));
- al permitir mayor temperatura de tratamiento, el grano fino está asegurado. La temperatura de temple debe ser baja para no formar austenita retenida.

## Molibdeno (Mo)

*Características*
a) solubilidad en al austenita hasta 10%;
b) solubilidad en ferrita hasta 35%;
c) poder para formar carburos, mayor que el del cromo y del tungsteno;
d) poder inferior al del vanadio y del titanio para formar carburos.

*Propiedades*
a) aumenta en forma notable la capacidad del temple;
b) aumenta la temperatura del engrosamiento del grano;
c) forma carburos complejos de gran estabilidad, aumentando así la temperatura de ablandamiento en el revenido; también confiere dureza secundaria.

**Sus aplicaciones:**

Se utiliza en los aceros de cementación, ya que provee carburos y por lo tanto resistencia a la abrasión.

En aceros o matrices de grandes secciones, juntamente con el níquel y el cromo, confiere elevada capacidad de temple. En ese sentido es el más poderoso de todos. La estabilidad de sus carburos a altas temperaturas permite su utilización como componente en los aceros de alta templabilidad. En este sentido es tan útil que actualmente entra como elemento químico indispensable en la fabricación de aceros especiales.

Es el principal acero de alta templabilidad usado actualmente en los Estados Unidos, como sustituto de emergencia del clásico 18-4-1 (acero de alta templabilidad, al tungsteno). La estabilidad también se aprovecha, provocando calentamientos más elevados para la eliminación de tensiones sin que se produzcan ablandamientos.

# Vanadio (V)

*Características*
  a) solubilidad en la austenita sólo 1 a 2%;
  b) solubilidad total en ferrita; muy potente, sólo superado por el titanio.

*Propiedades*
  a) aumenta la temperatura de engrosamiento del grano marcadamente casi tanto como el aluminio;
  b) origina carburos estables a alta temperatura, confiriendo por lo tanto resistencia al ablandamiento. El vanadio aumenta la temperatura de engrosamiento de grano debido a la deficiente solubilidad de sus carburos en la austenita;
  c) gran auxiliar del cromo; da al acero gran tenacidad por el grano fino.

## Tungsteno

*Características*

    a) solubilidad en la austenita hasta un 10%;

    b) solubilidad en la ferrita 40%;

    c) es el mayor formador de carburos.

*Propiedades*

    a) gran aumento en la susceptibilidad del temple;

    b) se obtienen carburos de gran resistencia a la abrasión y muy estables a alta temperatura;

    c) sus aplicaciones se dan en aceros de alta resistencia al desgaste, sobre todo en trabajos en caliente (hasta 200 °C).

# 10. ELEMENTOS DE ALEACIÓN DE LA CEMENTITA Y LA FERRITA

## Elementos de aleación de la cementita

Los elementos químicos pueden estar disueltos en la cementita o si no formando carburos complejos.

El silicio y el níquel son los que menos intervienen en la modificación de la cementita. Por lo general se presentan formando solución sólida con la ferrita.

Los elementos que intervienen en la formación de carburos son: el manganeso, el cromo, el molibdeno, el tungsteno, el vanadio y el titanio. Este último es el más poderoso en la formación de carburos, y ello dependerá de la cantidad de carburo presente, pues aumentando éste aumentará la proporción del elemento en forma de carburo a expensas del que estaba disuelto en la ferrita.

Los carburos complejos del cromo pueden ser tres: $(FeCr)_3C$, $(CrFe) 7C_3$ y $(CrFe)_4C$. Del mismo modo lo forman los demás elementos mencionados, inclusive el cobalto, dependiendo del porcentaje del elemento y el carbono presente.

## Elementos de aleación de la ferrita

Un acero sin carbono no es acero. Si tuviéramos 0,40% de carbono puede conocerse cuál es el efecto de la variación en las propiedades mecánicas del elemento de aleación

Si necesitamos alta resistencia a la tracción debe recurrirse a cierto tipo de aleaciones especiales que debemos solicitar a nuestro proveedor de aceros. Un ejemplo lo tenemos en los aceros soldables. La soldadura, que encierra un proceso de fusión, llevará a zonas vecinas a una estructura austenítica. Si el enfriamiento es rápido en las zonas vecinas (lo cual se produce por lógica pues se produce el efecto masa), posiblemente esa austenita se transforme en martensita, que como sabemos es dura y quebradiza, y por consiguiente habrá peligro de roturas durante el proceso de soldado o en el uso de la pieza soldada.

Un acero soldado debe tener baja susceptibilidad de temple, y su condición *sine qua non* es que sea muy bajo en carbono, lo cual trae aparejado una baja resistencia a la tracción.

Resumiendo: al soldar se deben utilizar electrodos con bajo contenido de carbono. Con el fin de no formar carburos para que no se produzca el efecto templado en las zonas periféricas de la pieza a soldar, aconsejo usar electrodos de níquel, que no forma carburos y que se disuelve únicamente en la ferrita y no forma carburos con ésta.

# 11. SOLUCIONES SÓLIDAS

## 1) Solución sólida de carbono en hierro alfa

En esta solución, llamada *ferrita*, el porcentaje de carbono es bajo, dada la baja solubilidad del carbono en el estado alfa.

Ferrita es, por lo tanto, hierro con muy poco carbono en solución (a temperatura ambiente teóricamente es 0,08%). Lo máximo que se logró, trabajando para la firma Dálmine, fue de 0,086%.

## 2) Solución sólida de carbono en hierro gamma

Las proporciones de carbono alcanzables son mayores que en el caso anterior, llegando hasta a 1,7% de carbono. Esta solución sólida se llama *austenita*, que *es estable solamente a temperaturas por sobre 730 °C*.

## 3) Existe una tercera combinación de los elementos hierro-carbono, cuya fórmula es $Fe_3C$ y que constituye una verdadera combinación química.

Este compuesto se conoce con el nombre de *cementita* y está compuesto de 6,67% de carbono. La cementita es soluble en austenita hasta el porcentaje correspondiente a 1,7% de carbono. *No es soluble en ferrita.*

Con estos tres componentes formaremos el diagrama hierro-carbono en equilibrio.

## Microconstituyentes

### Perlita

Está constituida por láminas de cementita dispuesta paralelamente en una matriz de ferrita. En términos simples digamos que, observada al microscopio, es como el dibujo lo indica, ni más ni menos que el carbono que contiene el acero. Este componente tiene, teóricamente, 9,87% de carbono.

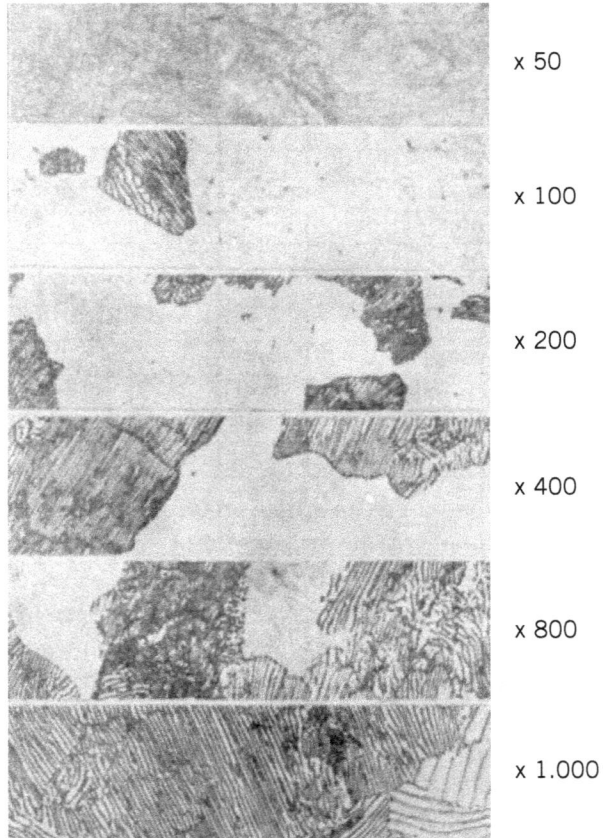

x 50

x 100

x 200

x 400

x 800

**Perlita vista en distintos aumentos.**

x 1.000

Las láminas pueden estar dispuestas en forma alargada cuando la perlita ha sufrido una deformación en caliente o en frío; pueden estar en forma laminar cuando el acero ha sido recocido o normalizado con enfriamiento controlado (en estas condiciones la perlita es muy blanda, 130-160 HBrinnell); pueden ser muy compactas cuando el acero es aleado con cromo, níquel, molibdeno, wolframio, vanadio o con elementos no ferrosos.

Se puede identificar a la perlita puliendo una probeta con un trozo de acero SAE 1040 y atacándola con nital al 3% (alcohol en 3% de ácido nítrico durante 1-2 minutos). Este microconstituyente es la base fundamental, junto con la ferrita, de la constitución física del acero.

## Martensita

Es el microconstituyente más duro de los aceros templados. Su dureza puede alcanzar los 950 vickers. Es una solución sólida de carbono en hierro alfa.

Su forma está directamente relacionada con el tamaño de grano austenítico y la temperatura a que ha sido templada. Puede ser grosera en su tamaño pero también fina; lo primero nos indica un exceso de temperatura y lo segundo la exactitud de la misma. Es importante que siempre se tenga en cuenta el tamaño de grano austenítico y no el aparente. Se ataca con nital 3% durante 1 minuto para observarla en el microscopio.

## Troostita

Es un microconstituyente que se puede formar durante un temple deficiente. Tiene casi la misma dureza que la martensita, 45-53Rc (la martensita tiene 55-63 Rc), y su presencia nos indica el mal enfriamiento a que ha sido sometido el acero. Se lo puede observar después que la pieza ha sido revenida. Tiene una forma bastante similar a la perlita, pero es undifoliforme. es decir puede tener distintas formas. Se detecta fácilmente en el microscopio a 400x. Se sobreataca con nital 4% durante 1 minuto.

También se lo llama *troostita secundaria* por su similitud con la troostita proveniente de la descomposición de la martensita. Con 1.000 aumentos se ve su estructura laminar, por lo cual también se lo denomina *perlita fina*. A temperaturas menores se denomina *bainita* y *martensita*.

## Sorbita

La martensita se descompone a los 100 °C, se separa el carbono en forma de cementita. Este componente no se dispone en forma laminar como sucede con la perlita, formando una emulsión con la ferrita. Esta estructura se denomina *troostita* o *troostita secundaria*. Si se continúa aumentando la temperatura, dicha cementita aumentará de tamaño, tendiendo a tomar forma esferoidal. Este nuevo estado se llama *sorbita*. Finalmente se alcanza el estado de esferoidización completa, en que toda la cementita forma esferas de regular tamaño dispersa en una matriz de ferrita.

## Bainita (superior e inferior)

Existen bainitas superior e inferior. La superior está constituida por una especie de bastoncillos muy agrupados, en cambio la inferior se obtiene a más baja temperatura, los bastoncillos no están muy agrupados y en la estructura puede llegarse a confundir ambas con una martensita alfa (agujas finas y largas). La *martensita beta* es fina y chica, producto final de un revenido a 160 °C aproximadamente, según el material tratado.

# 12. DESCOMPOSICIÓN DE LA MARTENSITA

Cuando tratamos las transformaciones de estructuras por calentamiento de un acero hasta la transformación austenítica, hemos supuesto que el estado inicial correspondía a un acero recocido, o sea que la estructura estaba compuesta por perlita y ferrita.

## Características de la descomposición de la martensita

*1)* Por calentamiento se llega a una estructura totalmente austenítica y por lo general sólo es estable a temperaturas elevadas (superiores a 723°C).

*2)* Por enfriamiento del acero obtendremos desde estructuras ferrítico-perlíticas (en velocidades de enfriamiento lentas) hasta martensíticas (en máximas velocidades). A velocidades intermedias de enfriamiento aparecerán sucesivamente estructuras del tipo de la perlita fina y la de bainita y mezclas de ellas.

*3)* Por calentamiento de estructuras martensíticas se obtienen lo que algunos llaman comúnmente martensita revenida o bien troostíticas o sorbíticas, según la temperatura de calentamiento usada.

## Influencia de la estructura en un acero al carbono

Ya vimos que el acero comercial presenta en su constitución elementos químicos tales como el manganeso, silicio, azufre y fósforo en pequeñas cantidades, elementos que no se consideran elemento de aleación.

Si en cambio consideramos un acero con un porcentaje de carbono constante, cada estructura tendría determinadas propiedades físicas y mecánicas. Por ejemplo, si predomina la ferrita tendremos un acero blando, dúctil, con baja resistencia a la tracción y buena resistencia al impacto. Si predomina la perlita el acero será mecánicamente duro, regularmente dúctil, tendrá buena resistencia a la tracción y también buena resistencia al impacto.

Si hay abundancia de cementita resultará un acero muy duro, de buena resistencia al desgaste y con mala resistencia al impacto.

En el caso en que predomine la martensita el acero será muy duro, quebradizo o de baja resistencia al impacto, elevada resistencia a la tracción y de nula ductilidad.

El predominio de perlita fina implica acero duro, de buena resistencia a la tracción, baja ductilidad, resistencia al impacto.

Por su parte, las estructuras sorbíticas, bainíticas y trootísticas modifican propiedades físicas y mecánicas.

Todo lo anterior tiene relación directa con el llamado "efecto masa". Toda estructura que se desea obtener está relacionada con el tamaño de la pieza a templar , con el material que se utilizará, y por supuesto con el tipo de tratamiento térmico empleado.

El método más rápido y directo es el ideado por el norteamericano Jominy, utilizado en todo el mundo para determinar el diámetro ideal y de esa manera conseguir la estructura perseguida para un fin determinado.

Este método consiste en la utilización de una probeta de forma especial, que es llevada a una temperatura de austenización y enfriada bruscamente en uno de sus extremos. Se determina entonces la dureza superficial en puntos situados a lo largo de la misma y se puede diseñar un gráfico con ordenadas indicando las durezas y abscisas indicando el extremo enfriado. La probeta debe tener siempre la misma dimensión y debe utilizarse un equipo estándar. Los resultados son comparativos para los diferentes aceros.

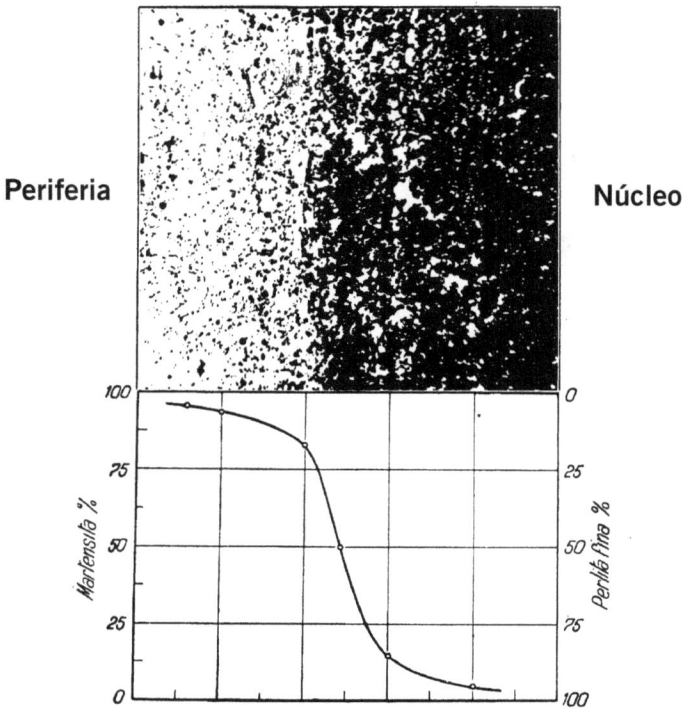

Ensayo Yommy de un acero SAE 4140.

ver

# 13. TAMAÑO DE GRANO DE LA AUSTENITA

El tamaño de grano tiene efectos muy importantes sobre las propiedades de los aceros.

Veamos el diagrama hierro-carbono. Cuando el acero se calienta llega al estado austenítico inmediatamente pasada la temperatura crítica superior (línea GS). El tamaño de grano es el mínimo que se puede presentar. Un aumento de dicha temperatura provocará la absorción de los cristales más pequeños por los más grandes y como consecuencia se producirá un aumento progresivo del tamaño de los granos del acero.

Esto nos indica que de acuerdo con la temperatura a la que se lleve, el acero tendrá distintos tipos de grano de austenita. Como tiene mucha importancia en el comportamiento de éste, es necesario realizar una determinación del tamaño del mismo.

La Sociedad Americana de Ensayo de Materiales (ASTM) ha establecido una escala de clasificación que comprende desde el 1 hasta el 8 (ver figura en la página siguiente).

El tamaño de grano para aceros de cementación se puede determinar mediante el ensayo de McQuaid-End, que consiste en lo siguiente:

Si se calienta un acero en presencia de $Co_2$ durante un cierto tiempo y a la temperatura de estado austenítico, absorberá

## ESCALA ASTM

N° 1. Hasta 1 1/2 grano por pulgada cuadrada.

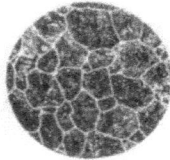

N° 2. De 1 1/2 a 3 granos.

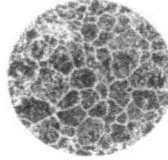

N° 3. De 3 a 6 granos.

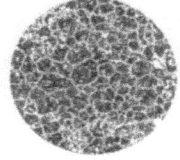

N° 4. De 6 a 12 granos.

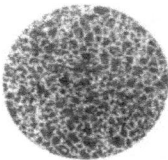

N° 5. De 12 a 24 granos.

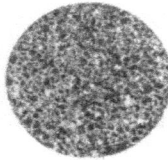

N° 6. De 24 a 48 granos.

N° 7. De 48 a 96 granos.

N° 8. 96 granos y más.

carbono superficialmente y según sea la temperatura y el tiempo se obtendrá un espesor enriquecido de carbono, que puede llegar a ser eutectoide o hipereutectoide. Si luego se enfría lentamente, se producirá una estructura perlítica y la cementita excedente se dispondrá en el espacio entre granos. Observando con el microscopio el acero en cuestión, aparecerá bien delineada la perlita, cuyo tamaño de grano representará el de la austenita que se deseaba conocer.

El ensayo se realiza de la siguiente forma:

En un recipiente de acero cuyas medidas pueden ser 10 cm de largo, 5 cm de alto y 7 cm de ancho, se coloca carbonilla en la base inferior hasta un espesor de 4 cm aproximadamente. Se deposita un trozo de acero cilíndrico de alrededor de 18

mm de diámetro en el centro de la caja, se lo cubre totalmente con la misma carbonilla hasta llegar a 1 cm del borde. Se
apisona lo mejor posible y se tapa con una mezcla de material
refractario. Después de la mezcla mencionada, algunos laboratorios colocan una tapa en forma de capuchón y lo sellan de
tal manera de no dejar salir el Co que se produce durante el
calentamiento a 900-920 °C. Se mantiene a esta temperatura
durante aproximadamente 6 horas, se lo deja enfriar hasta
250 °C y se lo saca al aire hasta su enfriamiento total. Se corta un trozo del acero y luego del pulido metalográfico se lo
ataca con nital al 3%. Se lo observa con 100x (aumentos).

Los aceros de grano fino son aquellos que a una determinada temperatura por encima de la crítica, poseen un grano
más fino que los catalogados como aceros de grano grueso a
esa misma temperatura, es decir, un acero de grano fino se
puede transformar en uno de grano grueso pero a una temperatura superior.

La escala ASTM nos indica el *tamaño de grano aparente*,
que es la que observamos en cualquier acero sometido a un recocido con enfriamiento lento. En cambio el tamaño de grano
austenítico es aquel que sólo puede verse mediante el ensayo
de MacQuaid-End, pues la austenita no es estable a temperatura ambiente. El grano austenítico controlado nos da seguridad en los tratamientos térmicos posteriores que se realicen
sobre cualquier tipo de piezas. Durante el proceso de forjado el
grano austenítico crece por la elevada temperatura a que se
somete al acero, lo cual causa después roturas prematuras si
previamente no se lo somete a un tratamiento térmico de normalizado y/o recocido crítico (por encima de 880 °C).

# 14. NORMALIZADO Y RECOCIDO DEL ACERO

## Normalizado

Se llama así al tratamiento consistente en calentar el acero a una temperatura superior en 20 °C-40 °C al tercer punto crítico. Esta no es una regla general dado que esta temperatura puede ser modificada si el tamaño de grano no es el esperado dado que en el mismo intervienen distintos factores, como por ejemplo el caso de piezas formadas con aceros de baja calidad, aceros con temperatura de laminado elevada, etcétera. En forma general, la temperatura del normalizado oscila entre 860 °C y 920 °C.

Este tratamiento térmico se utiliza con el fin de preparar el acero que luego va a ser templado, pues de esa manera obtendremos un buen afino de grano para lograr una martensita uniforme.

Los aceros normalizados presentan mayor resistencia que los aceros recocidos debido principalmente a su velocidad de enfriamiento, lo cual impide la total transformación de la austenita. En algunos aceros aleados se obtienen microconstituyentes intermedios, cuyas características en general no varían en el uso final al que se lo someterá (temples varios, etc.). Frecuentemente se suministran normalizados los tubos, perfiles y laminados en general, que pueden emplearse directamente o someterse a otros tratamientos (temple y revenido).

## Recocido

Este proceso térmico es fundamental para los aceros aleados, pues el enfriamiento lento nos permite obtener una perlita laminar con tendencia a globular.

El ordenamiento y tamaño de grano es uniformemente distribuido. Se realiza a una temperatura cercana al tercer punto crítico y puede variar según la procedencia y conformación del acero. Lo normal es una temperatura de 840-860 °C, pero cuando se trata de lograr piezas delicadas habrá que determinar previamente el tamaño de grano (ASTM).

### Recocido globular

Este tratamiento térmico se realiza entre 20-40 °C antes del primer punto crítico (723 °C), durante un tiempo que puede variar entre 12 y 14 horas. La perlita adquiere durante ese tiempo una forma esferoidal típica.

El enfriamiento debe ser lo más lento posible. Una vez finalizado el proceso la estructura final nos permitirá en ese acero:

1) Un buen mecanizado.

2) De acuerdo con el contenido de carbono servirá para los fines de extrusión (perlita globular). El acero así tratado presentará su forma más plástica y aceptará cualquier forma o deformación que por su tipo de estructura se le quiera dar. Se usa en la industria automotriz y en la agrícola.

### Recocido contra acritud

La acritud en un acero por lo general se observa cuando ha sido sometido a una deformación plástica en frío (chapas balancinadas). La temperatura ideal del recocido oscila entre los 650 °C y los 700 °C para aquellas piezas, por ejemplo, cuyo embutido ha sido profundo. Algunas piezas pierden la acritud a sólo 500 °C. A veces es mal llamada acritud, porque lo que existe en realidad es un alargamiento del grano de la ferrita producto de la deformación, profunda o no, de la pieza fabricada. Por lo tanto lo ideal sería, desde el punto de vista práctico, someterlas a una temperatura en atmósfera controlada de 770 -790 °C y enfriarla en aire calmo. La estructura final nos daría una ferrita y/o perlita si la hubiera, uniformemente distribuida, con un tamaño de grano de 6-8 ASTM.

## Recocido de recristalización

Es muy similar en sus fundamentos al recocido contra acritud. El fin que se persigue con este recocido es el de recristalizar los granos en su tamaño ideal (6-8 ASTM), que se produce por encima de 723 °C (primer punto crítico).

Este tratamiento, como el de recocido contra acritud, también lo podemos utilizar en aceros de alto carbono o aceros especiales, así como también en pequeñas piezas como las utilizadas en la industria eléctrica de alta tensión.

## Recocido subcrítico

Se identifica con este nombre al tratamiento que se realiza por debajo de los 723 °C (primer punto crítico), y es utilizado en la industria en general para ablandar ciertos aceros que no necesitan, dentro de ciertas escalas de valores, regenerar o recristalizar el tamaño de grano aparente.

Como ejemplo tomaremos algunas piezas para la industria automotriz u otras que después del normalizado no obtienen la dureza ideal para el mecanizado (SAE 8640, 5160, 9260, 5141, etc.). Con este tratamiento (650 °C aproximadamente) logramos una cierta globulización de la cementita, que alcanza para un excelente mecanizado sin deformación. Se utiliza un horno de solera fija y/o móvil, sin que se deba tener ciertos cuidados que son comunes en los hornos con atmósfera controlada.

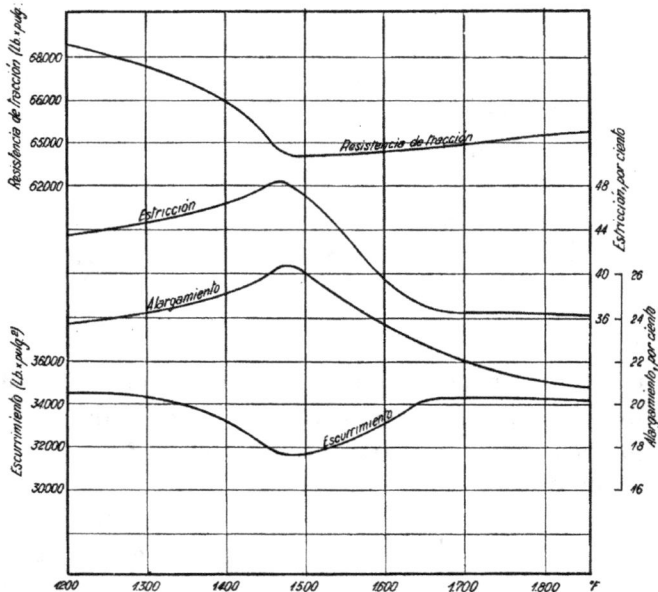

**Efecto de la temperatura de recocido sobre las propiedades mecánicas.**

## Recocido isotérmico

Este tipo de tratamiento térmico tiene un único fin y es el siguiente: Las piezas forjadas, especialmente los engranajes, son fabricadas durante dicho proceso a temperaturas que superan los 1.050 °C debido a que tienen aleaciones de calidad. Ello trae aparejado que las inclusiones o ciertos elementos químicos como el azufre y el fósforo orienten los granos en forma de bandas, siguiendo el fifraje de conformación.

Es necesario que esto se destruya, porque trae aparejado un desgaste muy prematuro de las herramientas que se utilizan durante el proceso de tallado del engranaje, por ejemplo.

El recocido isotérmico consiste en calentar la pieza en un horno de doble cámara, una de las cuales está a 900-920 °C y la otra a no más de 630 °C. Se calienta la pieza a la primera temperatura mencionada y luego de su austenización total, se pasa a la otra cámara, que como dijimos está a 600 °C aproximadamente). Allí se mantendrá hasta que la temperatura sea totalmente homogénea (alrededor de 600 °C). Luego se enfriará en aire calmo.

La estructura que se logra será la de perlita-ferrita uniformemente distribuida, con un tamaño de grano de 5-8 ASTM, que es ideal para cualquier tipo de mecanizado que se realice con posterioridad.

# 15. TEMPLADO DE LOS ACEROS

## Temple isotérmico

El temple isotérmico es muy similar al recocido. La diferencia es que el temple se enfría a una temperatura cercana al punto MS del diagrama hierro-carbono con el fin de evitar deformaciones.

Por ejemplo, tomemos una matriz de composición química con agregados de Co y W. Elevamos la temperatura a 80 °C superior al primer punto crítico (800 °C),damos el tiempo suficiente de acuerdo con el tamaño y las características de la pieza hasta lograr la total austenización de la misma y luego enfriamos a una temperatura que puede oscilar entre los 280 °C y los 320 °C, en sales de nitrato-nitrito de rápida agitación mecánica. Lo importante es lograr una estructura de martensita fina que puede llegar a 58-63 rockwell y nos posibilite así un revenido doble y bien largo. Para realizar el temple isotérmico se requieren instalaciones algo costosas y por sobre todo contar con un laboratorio metalográfico completo y de apoyo permanente.

## Temple de aceros al carbono

Estos aceros son difíciles de templar, y en este proceso influyen:

1) la calidad del acero fabricado,

2) el tipo de SAE,

3) el medio de enfriamiento elegido,

4) las dimensiones de la pieza y sus radios,

5) la deformación previa en su conformación.

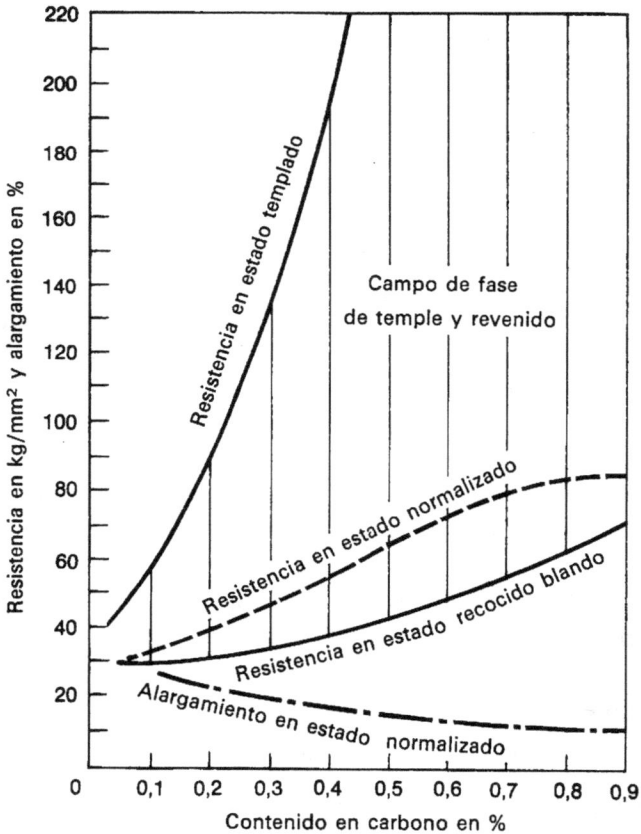

Resistencia de los aceros al carbono en distintos tratamientos.

Hasta hace 30 años se lo utilizaba en bielas y en puntas de eje en SAE 1045. Para motores el resultado era malo debido al scrap que se producía por roturas o microfisuras durante el tratamiento térmico. Hoy se utiliza el mismo SAE pero con el agregado de boro en la fabricación, lo cual le confiere una templabilidad tal que logra a veces reemplazar a los aceros aleados. Este agregado de boro en la fabricación no supera el 0,25% para un acero de 0,40% de carbono, pudiéndose templar al aceite piezas que no sean de gran tamaño, por ejemplo los cigüeñales de automóvil, cardanes, bielas, etcétera. Antes de templar un acero al carbono sin boro, es imprescindible realizar un ensayo con apoyo del laboratorio metalográfico. Lo perjudicial es la presencia de ferrita residual después del temple (es decir la no transformación de toda la pieza durante el temple en martensita).

## Temple de aceros aleados

El temple de aceros aleados que contengan Cr, Ni, Mo es el más dúctil y es el que permite lograr más fácilmente una transformación martensítica, debido a que dichos elementos le confieren al templarlo en aceite una extraordinaria velocidad de enfriamiento, cualquiera sea su forma o tamaño. Se lo utiliza con frecuencia en paliers de automóviles y en piezas forjadas o no.

Una vez logradas las características solicitadas, las piezas tienen una gran resistencia a la torsión, flexión y tracción. Su uso está relacionada con el costo al suplantarlo con criterio por el acero al carbono con boro. Todos los aceros aleados, inclusive aquellos que contengan algo manganeso, son ideales para ser tratados sin un cuidado especial. La temperatura de temple oscila entre 840 °C y 870 °C. La estructura final será de martensita muy fina sin agujas grandes y revenida será de una calidad casi ideal. Insisto en que la utilización de este tipo de aceros debe estar relacionada en forma directa con el costo final.

# 16. LOS ACEROS INOXIDABLES

Son los aceros específicos, o sea aquellos que contienen compuestos que se forman entre el acero y los elementos de aleación.

Adquieren la capacidad de pasivado y con algunos elementos forman el grupo de aceros inoxidables y resistentes a la corrosión.

La resistencia a la corrosión de los aceros inoxidables se debe principalmente a la presencia de cromo. Desde el 5% ya podemos decir que adquieren ciertas propiedades anticorrosivas, pero para hablar de inoxidables tenemos que mencionar hasta un 13% del elemento cromo, y si a esta aleación le agregamos níquel estamos en presencia del verdadero acero inoxidable.

Algunos países que se distinguen por la fabricación de este tipo de aceros le agregan molibdeno con el fin de aumentar aún más su resistencia a la corrosión a temperaturas elevadas. Debemos aclarar que no existe un solo tipo de acero inoxidable que cubra todas las necesidades.

Los aceros inoxidables que resisten la oxidación por efecto de altas temperaturas se denominan *refractarios*, e *inoxidables*. Y los que resisten la corrosión se denominan *inoxidables*.

## El templado de aceros inoxidables

Existen tres tipos de aceros inoxidables, a saber:

1) Aceros inoxidables martensíticos: tienen entre 12 y 18% de cromo y de 0,1% a 0,5% de carbono y son susceptibles de endurecimiento por temple. En algunos casos, cuando las piezas deban ser sometidas a altas temperaturas (aceros para válvulas) se agrega silicio o níquel cuando se necesite conservar la templabilidad y el cromo sea elevado.

2) Aceros ferríticos: son aceros con alto contenido de cromo (16% a 18%). Estos aceros no permiten el temple por la ausencia casi total de carbono. Son muy sensibles al crecimiento de grano por calentamiento a elevada temperatura, lo cual puede hacer frágil la aleación.

3) Aceros austeníticos: Aceros con níquel y cuya composición química está equilibrada de manera que a temperatura ambiente conserva una estructura austenítica (el clásico es como ya dijimos el 18-8). Existen otros que pueden llegar hasta un 35% a 45% de níquel. Estos aceros deben ser utilizados con máxima precaución debido a que cuando no han sido sometidos a un tratamiento térmico adecuado son sensibles a la corrosión intergranular. Los proveedores de este tipo de aceros lo entregan con el tratamiento térmico realizado pues se utiliza en medicina con mucha asiduidad (clavos para cadera, válvulas para el corazón, etc.). Agregándoles otros elementos como cobalto y manteniendo bajo el contenido de hierro y alto el níquel, entran en la categoría de aceros refractarios.

Los aceros inoxidables se dividen en:

1) inoxidables ferríticos,

2) inoxidables martensíticos y

3) inoxidables austeníticos.

Los inoxidables *ferríticos* se forman siempre a partir de soluciones sólidas de cromo en hierro alfa y contienen por lo general entre 11% y 14% de cromo. Con porcentajes mejores pueden, por calentamiento, alcanzar la zona del hierro gamma y por enfriamiento rápido transformarse en martensita. Todo lo anteriormente dicho ocurre con ausencia total de carbono, cuya finalidad es la estabilidad de la austenita y por lo tanto permite su templabilidad.

La composición química más comercial es la que posee 25% de cromo y 40% de carbono. Como comentario podemos acotar que el carbono puede producir carburos muy estables con 10 a 12% de cromo.

El acero inoxidable más comercial es aquel que vulgarmente llamamos 18-4-1 porque contiene níquel muy soluble en la austenita, haciendo a ésta muy estable juntamente con el molibdeno.

## Tipos de acero inoxidable

### Aceros martensíticos

Son aceros que contienen entre el 10% y 18% de cromo y de 0,1% a 0,55% de carbono. Son susceptibles de endurecimiento por medio de temple y en algunos casos especiales se les agrega silicio (en Austria) para las piezas que necesiten gran resistencia a la oxidación en caliente (aceros para válvulas) o níquel para conservar su carácter templante junto con la presencia de cromo.

## Aceros ferríticos

Son aceros que por lo general contienen entre el 15% y el 35% de cromo. El carbono puede llegar hasta 0,40% para los contenidos de hasta 35% de cromo sin perder su condición ferrítica. No son susceptibles de tratamiento térmico (temple).

## Aceros austeníticos

Son los aceros cromo-níquel, los clásicos 18-8. Existen otros con hasta un 35% de níquel.

## Aceros inoxidables refractarios

Estos aceros tienen bajo carbono y su metal base es el níquel combinado con cobalto.

# Temple de aceros con níquel

Durante el temple el níquel actúa en el acero de varias maneras, pero lo más perjudicial, que se produce durante el proceso de cementación en cualquiera de sus formas dado que si el contenido de carbono de la capa cementada es alta (cerca del eutéctico 0,86%), durante el proceso de enfriamiento forma en su superficie gran cantidad de austenita retenida que si bien puede eliminarse por revenido, en determinados materiales es prácticamente imposible lograrlo.

En el caso de engranajes, la austenita retenida tiene la particular de bajar la dureza de los dientes y por lo tanto hacer más corta su vida útil. Últimamente se ha investigado, en laboratorios franceses, que con una limitada cantidad (0,05 mm) es beneficioso para el hermanado de los engranajes de las cajas de velocidad.

Las normas que rigen en cada país que fabrica aceros determinan si esto es posible o no. La Argentina se rige por normas SAE, y el acero que más perjudica, según la misma, es el de la serie 3115 - 3120 - 3125 - 3310, etcétera. Para los aceros que luego serán bonificados también rige esta advertencia, por ejemplo en la fabricación de paliers, ejes cardánicos, crucetas, etc. (SAE 3135 - 3140 - 3335 - 3340, etc.). La presencia de níquel en el acero facilita mucho la austenización y le da gran capacidad para regenerar en ese estado (más de 830 °C) el tamaño de grano, sobre todo en piezas forjadas, que después presentan un grano muy basto por exceso de temperatura.

## Templado de aceros bajo atmósfera controlada

Dijimos que la atmósfera controlada es la capacidad de mantener el horno a utilizar bajo una neutralidad casi total de oxígeno libre. En esas condiciones se pueden templar piezas ya mecanizadas y cuya superficie, por la ausencia total del mismo, no sufrirá alteraciones (decarburación, deformación, etcétera).

A dicho horno también se le puede inyectar carbono por distintos medios, para poder cementar hasta espesores de 2 mm. Volveremos sobre el tema más adelante, al referirnos a los procesos de cementación.

## Temple isotérmico

Este proceso adquiere cada día más relevancia porque a medida que la calidad de las piezas va en aumento por las exigencias naturales del progreso, el tratamiento térmico debe acompañar esta modernización.

El temple isotérmico consiste en calentar una pieza a una temperatura levemente superior al segundo punto crítico (820 °C a 840 °C) y enfriarla en un baño termal (sales especiales) cuya temperatura oscile entre los 260 °C y los 290 °C. ¿Por qué es así?

Hemos dicho que existe un punto de transformación llamado *punto MS,* que está dentro de los 320 °C, en el cual la pieza a tratar comienza su transformación, convirtiéndose en una estructura estable. Si a este punto lo pasamos rápidamente y enfriamos enérgicamente en aceite o agua cualquier pieza que esté con posibilidades de deformación *se deformará*.

Ello es debido a que la transformación de la austenita estable a altas temperaturas se transforma bruscamente en el microconstituyente más duro de los aceros templados martensita. En cambio si a esa pieza la enfriamos desde la austenización a 260-280 °C con baño termal compuesto comúnmente por sales de nitrato-nitrito, éste actuará como un freno en la transformación de la martensita por lo que dijimos anteriormente, y la martensita entonces se transformará muy lentamente, evitando por lógica deducción cualquier tipo de deformación. A este efecto se lo denomina *colchón*, debido a que amortigua la transformación, haciéndola lenta...

Hoy los engranajes o pistas de rodamientos están mecanizados casi con una tolerancia centesimal a fin de que el proceso final de rectificado sea más corto. Existen tornos computarizados que efectúan el proceso de mecanizado hasta con tolerancia milesimal...

El tratamiento térmico, pues, debe ser muy riguroso respecto de esas tolerancias, y se debe contar con instalaciones acordes a la sofisticación del tratamiento.

Para evitar dificultades, las grandes empresas automotrices poseen sus propias instalaciones de tratamiento térmico. Por los severísimos controles que deben efectuar para cada tipo de pieza, volveremos más adelante sobre el tema, cuando tratemos los aceros para herramientas.

Resumiendo, el punto MS es clave cuando se deba tratar piezas con controles rigurosos de mecanizado, de ahí que el tratamiento térmico sea *fundamental* e irreemplazable.

Los aceros al carbono (SAE 1040 - 1050 - 1070) difieren mucho en su tratamiento térmico. El SAE 1040 los utiliza en gran escala en los Estados Unidos. Los han desarrollado tanto y en forma tan dinámica que la misma pieza se fabrica con aceros de Cr-Ni-Mo en Europa y Japón (por ejemplo puntas de ejes de automóviles). El medio de enfriamiento es el agua, siempre que los diámetros lo permitan. Algunas veces, utilizando en el agua sales que aceleren el enfriamiento (por ejemplo ClNa, cloruro de sodio, que es uno de los más comunes), se desplazan los puntos de ebullición y de congelación de 10 °C a 18 °C aproximadamente.

Para un correcto templado de piezas forjadas deberá realizarse previamente un control de tamaño de grano si éste es acicular.

Deberá hacerse un tratamiento de normalizado tratando de evitar la decarburación si se lo realiza en hornos comunes (no se justifica el costo de la atmósfera controlada). Se sugiere una temperatura dentro de los 830 °C y los 860 °C y que luego se enfríe en aire calmo.

En mi larga experiencia siempre observé que las piezas sin ángulos vivos deberían templarse *sin normalizar*, aprovechando el tamaño de grano de 2-3 ASTM y por lo tanto la menor distancia intergranular de la perlita (mayor aceleración en la formación de martensita).

Los aceros SAE 1050 y 1080 sirven a otros fines, como por ejemplo para fabricar resortes de todo tipo y medida; de todas maneras las normas no especifican los ciclos que deben cumplir los mismos.

Aunque algunos aceros SAE 1060 están obligados a cumplir varios y determinados ciclos de vida útil., el tratamiento térmico es relativamente fácil dado que se realiza en hornos de atmósfera controlada y el revenido se produce en hornos comunes eléctricos porque la temperatura lo exige. Un acero para resorte se templa a 770 °C-790 °C y se reviene según la dureza requerida.

Las aleaciones de Cr-Ni-Mo-V-W se realizan en hornos continuos, y el medio de enfriamiento siempre es el aceite con una determinada viscosidad, acorde con los distintos diámetros.

El temple de los aceros aleados no presenta grandes problemas, salvo en aquellas piezas de radios muy acentuados. La temperatura media de temple es de 830-870 C, mediante la cual se obtiene una martensita muy fina y con posterior revenido se logra una resistencia a la tracción excelente, así como también buena resistencia al impacto. Ambas propiedades son directamente proporcionales a la dureza final requerida.

Por lo general los aceros aleados se agrupan en los manuales como aceros de calidad aptos para piezas que deban ser exigidas hasta una situación límite, como puntas de eje, bielas, tornillos de seguridad, etcétera.

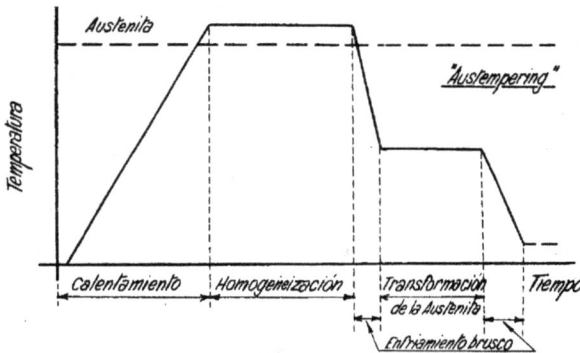

Temple isotérmico.

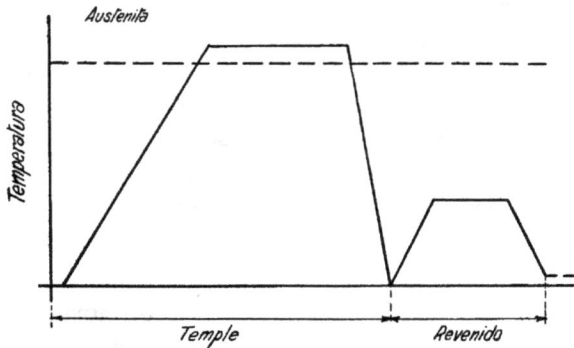

Temple y revenido normal

## Templado por inducción

Este método se conoce mundialmente porque nos permite obtener en piezas cilíndricas un temple superficial de hasta 2 mm de profundidad. Fue ideado para templar los muñones de los cigüeñales cuando aparecieron los motores diesel de alta velocidad ya que se necesitaron cojinetes de metales antifricción con mejores propiedades mecánicas para soportar las mayores presiones de los nuevos motores. Esto se tradujo en mayor dureza y por lo tanto en mayor facilidad de desgaste de los cigüeñales, de aquí que fuera necesario aumentar la dureza superficial sin pérdida de la tenacidad del cigüeña. El método de temple superficial resultó la solución ideal.

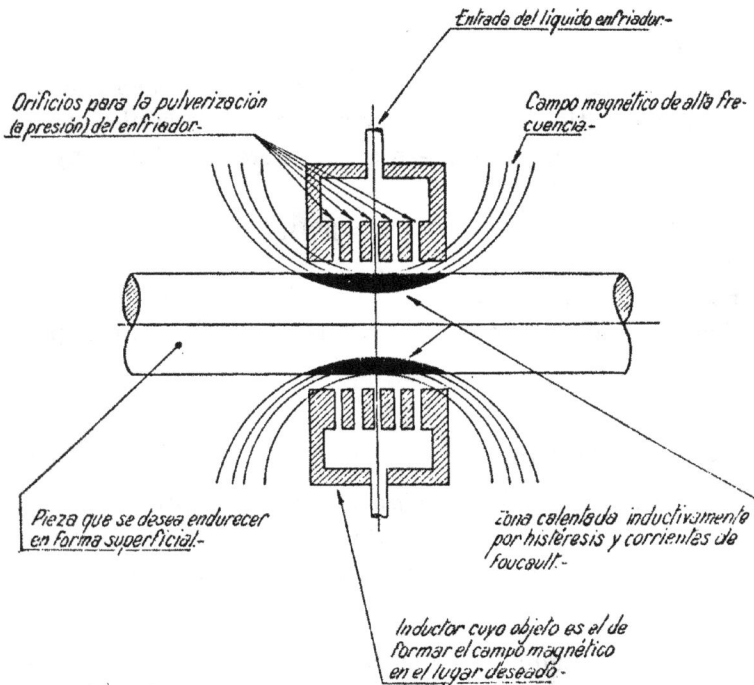

Temple por inducción.

Nos permite la utilización de aceros al carbono del tipo SAE 1050, el cual ha sido tratado previamente para obtener la máxima tenacidad. Posteriormente se trata por inducción, lográndose durezas del orden de 60 Rockwell C en la superficie.

El método consiste en lo siguiente:

Un elemento inductor de alta frecuencia rodea a x que produce una elevación de temperatura en dicha zona en el término de 4 a 10 segundos. Por medio de un enfriamiento brusco, producido por la acción de chorros de agua a presión que salen de orificios adecuados, se obtendrá una estructura martensítica requerida para la dureza superficial.

### *Las ventajas:*

1) Con el enfriamiento tan rápido se obtiene una estructura martensítica no acicular y muy final, lo cual se traduce en una mayor dureza que la obtenida por temple común.
2) No se producen deformaciones porque el calentamiento es sólo superficial.
3) Por las mismas razones que 1) no hay oxidación superficial, sólo un ligero cambio de color, y tampoco hay peligro de decarburación superficial.

### Otro método selectivo

Se utiliza la llamada *acetilénica* como elemento de calefacción. La gran concentración de calor producida por un dardo acetilénico permite el calentamiento superficial en forma rápida.

Según sea el sistema de aplicación, el templado por inducción puede clasificarse en cinco métodos:

1) *Estacionario:* ambos, pico y pieza, permanecen fijos. El enfriamiento se realiza por inmersión o inyección.

2) *Progresivo o en línea recta:* el pico avanza precedido por un chorro de líquido enfriador.

3) *Progresivo circular:* el pico y el chorro enfriador están fijos. El objeto a tratar gira lentamente. Un inconveniente del sistema puede ser que al final de la operación puede provocar el ablandamiento del comienzo. Este defecto se puede evitar si se coloca otro chorro enfriador avanzando adelante del dardo acetilénico.

4) *Giratorio:* el pico permanece fijo, la pieza gira de frente a una velocidad aproximada de 90-10 r.p.m. Cuando se ha logrado la temperatura adecuada se sumerge la pieza para su enfriamiento.

5) *Giratorio progresivo:* el pico y el chorro enfriador avanzan longitudinalmente; la zona templada describe una espiral sobre la pieza. Chorros adecuadamente colocados impiden el revenido de zonas ya templadas. La ventaja de este método sobre el de inducción es su bajo costo inicial, pero la calidad del trabajo es inferior.

## Tratamientos superficiales del acero

Existen dos tipos: los que confieren cierta terminación al acero forjado, llamado granallado, y otro casi similar pero más importante, denominado *shot peening.*

El granallado se realiza en una máquina que posee un tambor de goma (que puede ser también de acero templado), donde existe una turbina donde caen bolillas de acero y que somete a las piezas de acero a un bombardeo prolijo de dichos perdigones hasta lograr, en un tiempo predeterminado, la limpieza de escorias, cáscaras o cualquier defecto que pudiera tener la pieza forjada o fundida.

En ocasiones también se utiliza este tratamiento en piezas semi-mecanizadas, a las cuales le otorga una excelente terminación.

El verdadero *shoot peening* se realiza a 360-420°C y consiste en bombardear con perdigones especiales en un horno preparado para tal fin, incluyendo una cinta transportadora del mismo. Este tratamiento está indicado para resortes de suspensión, resortes de válvulas y también en muelles, confiriéndole a la pieza hasta un 50% más de resistencia a la fatiga. La dureza final de un resorte es de 42-50 Rc, según el tipo de resorte y misión a cumplir.

# 17. PROCESOS DE ENDURECIMIENTO SUPERFICIAL

Los procesos de endurecimiento superficial son los siguientes:

a) Cementación en sales.

b) Cianuración en sales.

c) Nitruración en gases.

d) Nitruración en sales.

e) Carburación sólida.

f) Cementación bajo atmósfera controlada.

g) Sulfinizado en sales.

## a) Cementación en sales

Este tipo de cementación se realiza a partir de una solución líquida de cianuro de sodio, con el agregado de cloruro de bario, sales de manganeso y sales de cloruro de sodio.

La teoría dice que debemos mantener el porcentaje de cianuro entre el 8/% y el 14% para que el cloruro de bario pueda actuar como inductor de la penetración del carbono libre que deja el cianuro. En otras palabras, para decirlo más simplemente, el carbono libre penetra en profundidad de 2,5 mm de carbono, y si hiciéramos un análisis químico de la capa así lograda, encontraríamos desde el 65% hasta casi el 80% de carbono.

A veces llega al eutéctico 0,87, pero en ese caso encontraremos cementita en red muy frágil, que luego, en un proceso de rectificado, produce el famoso craqueleo de rectificado, que no es otra cosa que la presencia de fisuras en la superficie, visibles aun a simple vista.

Durante el proceso de cementación en sales se deberá controlar por medio de análisis químicos la cantidad de cianuro presente en el baño. El resultado final será excelente siempre y cuando el control del baño sea estricto.

La dureza lograda será de 63 a 65 Rc (medido en Rockwell). Si el acero es aleado se usa el aceite como medio de enfriamiento, y el agua para los aceros al carbono (SAE 1010). Lo ideal sería enfriar en sales cuya temperatura oscilara entre los 280 y los 320 °C.

La gran dificultad reside en la limpieza posterior de las piezas, pues el cloruro de bario es insoluble en agua cuando existen mezclas con sales de manganeso y sodio. Este método prácticamente ha desaparecido con el correr de los años debido a su elevado costo.

### b) Cianuración en sales

Este proceso es similar al anterior, con la diferencia de que en este caso se utiliza sólo cianuro de sodio con 99,8% de pureza. Se puede obtener una profundidad de 0,7 m, incluyendo la zona de transición.

Su utilización está en vigencia en todos los países adelantados tecnológicamente, y es de gran utilidad en la fabricación de pequeñas piezas en la industria automotriz y en la agrícola. Los tornillos de las ruedas de los automóviles, por ejemplo, se templan por medio de estas sales, que otorgan al mismo tiempo una profundidad de 0,2 mm, con la característica de resistencia al desgaste y también al impacto y torsión. El material utilizado es el SAE 4140 o similar.

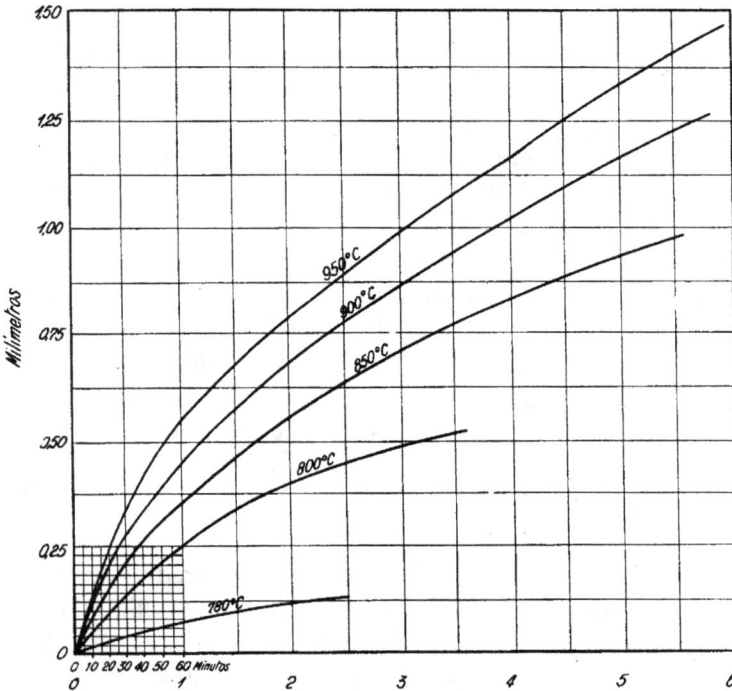

**Cianuración. Curvas de penetración en función
del tiempo y la temperatura.**

De las 5.000 piezas con que cuenta aproximadamente un automóvil, el 30 por ciento lleva este proceso, inclusive algunas que son sometidas al proceso de zincado posterior.

Se utiliza el mismo crisol que en la cementación, aunque es recomendable para ambos casos el acero inoxidable con 5% de Cr y sin carbono (máximo 0,3%).

En la práctica se logra hasta 0,3 mm de profundidad en una hora a 920 °C. Es un proceso relativamente barato por la velocidad con que se realiza, si se cuenta con una instalación adecuada.

### c) Nitruración en gases

Este método reemplaza con holgura al anterior pues parte de la descomposición del gas metano por alta temperatura y amoníaco. Por lo general la temperatura de trabajo es de 850 °C hasta 880 °C, templándose a veces bajando un poco la temperatura. Es recomendable que el aceite esté a una temperatura de alrededor de 150 °C.

Entre las ventajas respecto de la cianuración en sales hay que señalar que la aleación de la austenita con el nitrógeno hace descender la temperatura de transformación en alfa gamma, lo que nos permite efectuar el proceso de saturación a temperaturas inferiores. Al mismo tiempo, en presencia de nitrógeno se intensifica fuertemente la movilidad difusiva del carbono en la austenita. Si se eleva la temperatura el efecto de aceleración disminuye.

A pesar de que la temperatura de saturación es considerablemente inferior, la velocidad de crecimiento de la capa difusiva es prácticamente la misma que para la cementación (900-950 °C) y para la microcementación (840-860 C °C). En un espesor de 0,5 mm el ciclo de nitrocementación se acorta casi el 50%.

El descenso de la temperatura de saturación sin aumentar la duración del proceso, permite disminuir la deformación de las piezas a tratar, se eleva la duración del sistema maquinario del horno y reduce el pre-enfriamiento antes del temple.

Sabemos que la estructura a lograr estará de acuerdo con el material utilizado; así en los aceros con níquel existirá irremediablemente austenita residual en su superfice. Estos aceros se usan para los engranajes sin rectificar pues de esa manera el hermanado es mucho más facil y sin ruido al andar. La dureza de periferia desde 0,05mm hasta 0,1mm será de 45-50 Rc, y luego sube bruscamente a 58-65 Rc.

El nitrocementado posee una mayor resistencia a la corrosión, al desgaste casi un 50% más. Si conservamos un tamaño de grano superior a 8 ASTM el límite de fatiga aumenta dos veces. En general el tamaño de grano austenítico aparente favorece la resistencia constructiva de las piezas.

### d) Nitruración en sales

La nitruración en sales consiste en la saturación difusiva de la capa superficial del acero con nitrógeno durante el calentamiento adecuado (la temperatura debe oscilar entre 500 °C y 600 °C). Se puede nitrurar cualquier acero: perlítico, ferrítico, austenítico y hasta fundiciones. Como resultado de la nitruración, la pieza alcanza una elevada dureza, sin deformación y sin fisuras en el templado. Es excelente para el rectificado final.

En este proceso se utilizan sales de nitrato-nitrito; la profundidad máxima que se puede lograr es de hasta 0,40 mm. La estructura lograda es el de una martensita grosera pero muy estable. La alta dureza de la zona nitrurada, que constituye la parte principal de la capa, está relacionada con la solución sólida y con la precipitación de los nitruros de los elementos de aleación que deforman la red de la matriz y dificultan la deformación plástica. Prácticamente no existe capa difusiva y el nitrógeno en la ferrita aleada nos da como resultado la alta dureza lograda, a la que coadyuvan también los elementos aleantes. Aumenta el límite de fatiga en un 60%. El nitrurado en sales aumenta la resistencia al desgaste en un 100%.

El aluminio es aconsejable si se encuentra en el acero a nitrurar, pues forman complejos con el nitrógeno que elevan la dureza considerablemente. Cuantos más elementos contiene el acero, más tendencia posee para la formación de nitruros y por lo tanto la dureza se eleva.

El acero con vanadio es el ideal para nitrurar. La dureza final del nitrurado puede alcanzar los 90 Vickers, y las piezas nitruradas pueden ser sometidas a desgaste y fatiga. Para evitar la corrosión del acero tratado se hierve simplemente en una solución de bicromato de potasio al 10% durante una hora y luego se sumerge en bencina. La nitruración aumenta hasta dos veces la duración de las herramientas con sólo 0,1% de espesor. Resumiendo, diremos que la nitruración en sales es el proceso de endurecimiento ideal par a todo tipo de acero que necesite alta dureza y resistencia al desgaste con casi nula deformación.

### e) Carburación sólida

Para la cementación las piezas se colocan en las cajas llenas de carburante, que puede ser carbón vegetal en granos de 3 a 10 mm. Existen otros carburantes como la hulla y el semicoque, pero el más utilizado es el carbón vegetal con 20% a 25% de carbonato de bario y 3-4% de carbonato de calcio. Es imprescindible que el carburante tenga menos de 0,06% de azufre. La mezcla que utiliza la NASA está formada por 20-25% de carburante nuevo y el resto del carburante utiliza el contenido de carbonato de bario en esta mezcla es de 5-7%, lo que garantiza el espesor requerido de la capa y excluye la formación de una red de cementita grosera en la superficie. Para contrarrestar este efecto (cementita en red) es ideal bajar el contenido de carbonato de bario a 2-3%, a costa de la reducción del carburante nuevo al 6-12%. Como activador se utiliza el $CH_3COONa$ (acetato de sodio o de bario, que poseen gran actividad merced a la formación de $CH_4$ [amoníaco] en la caja de cementación).

Luego de limpiarlas, las piezas se colocan en la caja de acero soldada. Previamente en el fondo se apisona una capa de 20-30 mm sobre la cual se coloca la primera fila de piezas, manteniendo una distancia de 10-15 mm hasta llenar la caja. Sobre la última fila se coloca una capa de 30-40 mm para compensar posibles contracciones. Luego se cierra la caja con una tapa y con cemento refractario.

Las cajas de hierro duran alrededor de 250 horas, mientras que las de fundición llegan a durar hasta 600 horas. La temperatura debe ser de 920 °C ± 20 °C. El tiempo de calentamiento es de 8 a 10 minutos por centímetro de caja.

El tiempo está relacionado directamente con el espesor a conseguir. Para una caja de 200 mm se requieren aproximadamente 7 horas, con lo cual se logrará un espesor de la capa cementada de 0,8 ± 0,1. El inconveniente más grave es la duración del proceso, pero estamos seguros de que es el tratamiento que hasta ahora es irremplazable en cuanto a la calidad en la uniformidad, el contenido de la capa cementada y su homogeneidad casi perfecta. Observada en el microscopio, es notable la diferencia entre una pieza realizada con gas y amoníaco y otra hecha en caja, de ahí que no ha sido descartada por la NASA para las piezas más exigentes que requieren una cementación bien uniforme y máxima resistencia.

**f) Cementación bajo atmósfera controlada**

En la actualidad los costos influyen directamente en todo tipo de fabricación, de ahí que el sistema de carburación por medio de atmósfera controlada sea el ideal pues permite regular el proceso en forma automática e ininterrumpida.

La preparación en un horno ya fabricado para tal fin se basa en la conversión catalítica de hidrocarburos gaseosos o bien con el aire (atmósfera de gas endotérmico). Lo que más se utiliza es la atmósfera endotérmica con regulación automática del potencial de carbono. Esto permite obtener, después de la cementación, la concentración indicada en la superficie, así como la distribución requerida de carbono en el espesor de la capa cementada, lo cual es necesario para obtener óptimas características mecánicas.

La atmósfera endotérmica se obtiene quemando parcialmente el gas natural ($CH_4$). Al lado del horno hay una retorta por la que se hace pasar aire y gas, que está llena de un catalizador especial que permite obtener gas endotérmico con un contenido mínimo de gas (bióxido de carbono) a temperaturas relativamente bajas (1.050-1.100 °C). El catalizador contiene cerámica porosa con revestimiento que contiene níquel, cobre, aluminio y óxido de magnesio.

Además de ser muy costosa, la atmósfera endotérmica tiene deficiencias: es explosiva y tóxica.

Por potencial de carbono en la atmósfera se entiende su capacidad de carburar, lo cual asegura una concentración determinada de carbono en la superficie de la capa cementada. Se emplean métodos de medición directa o indirecta de potencial de carbono. En la Argentina se utiliza un aparato inventado en los Estados Unidos, llamado *kookur*, por uno de los componentes de la mezcla gaseosa. En la práctica el potencial de carbono de la atmósfera se mide y regula según el contenido de vapores de agua que viene determinado por el punto de rocío del gas. El punto de rocío es la temperatura a que comienza la condensación de los vapores de agua que se contienen en la atmósfera y que se mide con el *kookur*. El punto de rocío se regula midiendo el coeficiente de exceso de aire suministrado por el generador. El cookur es en definitiva un higrómetro de condensación que nos permite controlar y regular al mismo tiempo la composición del gas dentro del horno.

### g) Sulfinizado en sales

También denominado (erróneamente) sulfonicianuración o sulfinizado, es un tratamiento que eleva la dureza y confiere una gran resistencia al desgaste por frotamiento.

Este proceso consiste en la saturación simultánea de la superficie con nitrógeno, carbono y azufre. La capa sulfonitrurada tiene una estructura análoga a la capa nitrurada, pero en la superficie se forma una película fina de sulfuro (oxisulfuro). El proceso se lleva a cabo a 560-520 °C, en una atmósfera de amoníaco con adiciones de carbono y de sustancias sulfúreas ($H_2S$, $SO_3$, emulsión de azufre en aceite mineral).

El Instituto Nacional de Metales Ferrosos No Ferrosos de Rusia propuso el proceso de sulfonitruración en una atmósfera de productos de la pirólisis de la carbamida $(NH_2)_2Co$ del azufre. El polvo de carbamida y de azufre que se introduce en el horno calentado a 580-620 °C, se descompone formando los productos gaseosos $NH_3$, Co; $N_2$ y $H_2$ $(NH_2)$ Co $\rightarrow$ $NH_3$ + Co + $0,5N_2$ + $0,5$ $H_2$.En esta atmósfera el acero se satura con nitrógeno, carbono, azufre y oxígeno.

Se recomienda el régimen óptimo de sulfonitruración: la saturación se lleva a cabo a 600-620 °C durante 3-4 horas, en una mezcla que contiene 3% de azufre.

También ha encontrado gran aplicación en la industria el proceso de sulfocianuración en sales fundidas que contienen cianuros, generalmente con esta composición química: 50% de cianuro de sodio y lo demás son partes iguales en masa el sulfato de sodio y cloruro de potasio. Respecto a la masa restante del baño, se renueva periódicamente con sulfuro sódico y cianuro de potasio. La sulfocianuración líquida se lleva a cabo a 570-620 °C durante 1-4 horas. Después del proceso se forma una capa nitrurada de sulfuro (oxisulfuro) que eleva la resistencia al desgaste y a la fricción a alta temperatura de trabajo (camisas de cilindros, pistones de fundición para motores de barcos, por ejemplo).

## Defectos de la nitruración y de la cementación

La deformación y el alabeo serán más grandes cuanto más alta sea la temperatura del proceso y más gruesa la capa nitrurada o cementada.

Colocación incorrecta de las piezas durante el tratamiento

El aumento en volumen específico durante la nitruración o cementación es de 4-6% y está directamente relacionado con el espesor de la capa. Esto se debe tener en cuenta para asignar espesores.

Estos defectos disminuyen trabajando con temperaturas más bajas que las teóricas. Cuanto más cerca estemos del eutéctico (0,87% de C) mayores serán los problemas durante los procesos de mecanizado, descamado, craquelado (agrietamiento), microfisuras. Por tal motivo es recomendable utilizar delgas para controlar, a efectos de ser observadas en el microscopio durante el proceso.

Las piezas a nitrurar o cementar deben carecer de grasa o aceite, pues aparecen luego puntos blandos. Si la pieza a tratar no tiene un tamaño de grano superior a 6 ASTM, la nitruración o la cementación serán irremediablemente discontinuas, lo cual causa deformaciones y graves variaciones de la dureza.

Se pueden presentar serios defectos si la temperatura del aceite no es la recomendada (100-150 °C).

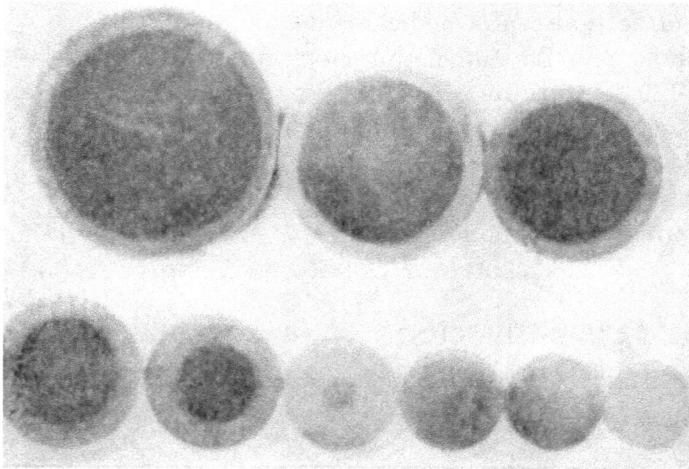

**Espesores de capa cementada a distintos tiempos e igual temperatura.**

# 18. REVENIDO DE LOS ACEROS

## Revenido integral

Este revenido se denomina integral porque se realiza en hornos llamados "integrales", que tienen hasta cuatro cámaras continuadas después de la cámara de temple.

Se utiliza mucho en Austria para las matrices hechas con aceros especiales y que requieren hasta tres revenidos, con el fin de evitar todo tipo de microfisuras durante el trabajo. Se utiliza por lo general en el forjado de grandes rulemanes fabricados en aceros especiales como el SAE 52.100, que son matrices que, por su tamaño, requieren muchas horas de proceso.

## Revenido para eliminar austenita retenida

Como ya dijimos, la austenita retenida se produce por un temple deficiente en aquellos aceros que contienen alto níquel, por ejemplo el SAE 3310 o 3115, o en aceros de alto carbono como el SAE 3335, y también en el SAE 3340.

Esta falla ya casi ha sido eliminada en los grandes laboratorios de temple, por efecto del proceso de martempering. La dificultad sólo subsiste en los laboratorios pequeños de la Argentina y otros países de América.

Para subsanar este inconveniente, se debe realizar el proceso de revenido en sales de nitrato-nitrito a la temperatura que la dureza de la pieza requiera y, como en el temple, mantener durante una hora por pulgada de espesor de la pieza a ser tratada.

Como toda pieza tratada con estos aceros, debemos tener el respaldo permanente del laboratorio metalográfico, que debe controlar prácticamente todos los procesos que se realizan, sobre todo en los aceros especiales.

## Revenido de coalescencia

Luego de ser templados y transformada su estructura en martensita, los embutidos profundos (válvulas de retención), por ejemplo el SAE 1030/1040, tendrán que recibir un largo proceso para transformar esa martensita en una martensita coalescente. Para ello deberemos contar con un horno cuya temperatura sea uniforme en toda su sección de trabajo y que se mantenga muy cerca del primer punto crítico (710 °C, por ejemplo) durante 14 horas como mínimo. La estructura final que obtendremos será martensita globular coalescente.

Esta estructura es la ideal para la deformación plástica del acero como si fuera una fundición maleable.

# 19. LOS ACEROS ESPECIALES PARA MATRICERÍA

Trataremos brevemente los tratamientos térmicos para matricería debido a que cada fabricante de aceros especiales utiliza un proceso particular.

Los aceros especiales tienen características y propiedades específicas después del tratamiento térmico y son las siguientes:

a) límite elástico;
b) resistencia al desgaste;
c) tenacidad;
d) dureza;
e) características en caliente;
f) templabilidad;
g) indeformabilidad en el tratamiento térmico.

Además de los factores metalúrgicos enumerados, es fundamental el diseño, que si no es el adecuado nos conduce siempre al fracaso.

a) *El límite elástico* está relacionado directamente con el tratamiento térmico. Debe ser siempre el máximo y esto está dado por la dureza, que debe ser lo más alta posible. El carbono debe ser elevado. Para bajar el límite elástico se utiliza el revenido.

b) *Resistencia al desgaste*. Esta es la característica más importante de una herramienta; no sólo depende de su dureza sino de otras propiedades comunes al empleo de la misma (temperatura de trabajo de la herramienta, velocidad de corte, frotamiento, etc.). Es imprescindible, pues, la presencia de alto carbono, tungsteno, cromo vanadio, cobalto, etcétera.

c) *Tenacidad*. Para lograr una tenacidad adecuada es fundamental la elección del acero, que por lo general está sometido a choques (forjado). El proceso de temple, y sobre todo el revenido, son imprescindibles para evitar roturas prematuras.

d) *Dureza*. No existe límite elástico ni tenacidad sin una dureza obtenida con un tratamiento adecuado. Una alta dureza no garantiza que la pieza tendrá una mayor vida útil, pero sí es lo más importante. Se recomienda templar la herramienta en los laboratorios de tratamiento térmico del fabricante.

e) *Características en caliente*. Los aceros para trabajo en caliente tienen una composición química muy específica pues no deben sufrir deformaciones prematuras durante el esfuerzo a que se los somete. Es importante el tungsteno como elemento principal, y el carbono elevado a 0,65% aproximadamente, que durante el temple, junto con el vanadio y el cromo, forman carburos complejos muy resistentes al calor y por consiguiente a la deformación. No debemos descartar el cobalto, que permite la estabilidad de los otros componentes.

f) *Templabilidad*. La transformación de la austenita en martensita es muy rápida en estos aceros, y es aquí donde el temple isotérmico juega un papel importantísimo. La temperatura de transformación debe ser lo más cercana a los 323 °C. Se sugiere un ensayo previo para lograr una estructura ideal, sobre todo teniendo en cuenta que las herramientas o matrices a veces tienen formas muy delicadas. Se deberá tener mucho cuidado en el revenido final (para lograr la dureza requerida); incluso se aconseja el doble revenido en algunas herramientas (para eliminar ciertas tensiones que forman los complejos formados por Cr-W-Co-V. Ver tabla de página 101. *Es aconsejable enfriar el agua después de segundo revenido para evitar la fragilidad Krupp*, que describiremos más adelante.

g) *Indeformabilidad en el tratamiento térmico.* Como lo indica la palabra, se trata de aceros indeformables que se usan fundamentalmente en matrices de proceso de forjado y matricería de fundición a presión (aluminio, plásticos, etc.). A continuación se enumeran los principales aceros indeformables.

1) Aceros indeformables al manganeso (se templa al aceite).

2) Aceros indeformables al 12% de cromo (se templa al aceite o al aire).

3) Aceros indeformables al 5% de cromo (se templa al aire). Estos aceros son de difícil mecanización, aun con un buen recocido, y ello se debe a la serie de complejos y/o carburos que se vuelven insolubles en la austenita durante el proceso de fabricación, cuya temperatura de fusión es muy limitada.

El alemán Krupp descubrió que (aunque raramente) después del revenido en algunos casos, según sea la herramienta, la pieza se rompe si se la deja al aire calmo después de revenido. Se aconseja enfriar el agua inmediatamente después del revenido, sean 1, 2 o 3 los mismos.

# 20. ACEROS PARA HERRAMIENTAS DE CORTE

Las herramientas de corte pueden clasificarse en tres categorías:

1) herramientas de corte con arranque de viruta;
2) herramientas de corte por cizalladura;
3) herramientas para deformar.

*1) Herramientas de corte con arranque de viruta.* Se distinguen tres tipos:
   a) De un solo filo y corte continuo. Son herramientas para torno, cepilladoras, etcétera.
   b) De varios filos y corte continuo: Brocas, terrajas, escariadores, etcétera.
   c) De varios filos y corte discontinuo: Fresas.
   d) Todas están sometidas a una presión en el filo, una acción de desgaste y una acción de calentamiento, por lo tanto las herramientas deben ser capaces de resistir estas tres acciones destructivas, según su trabajado y diseño. En la fundición la herramienta sufre una acción muy abrasiva, por lo que no conviene usar un material de gran resistencia al desgaste. En cambio si se necesita velocidad de corte es importante utilizar un material de gran resistencia a la temperatura.

2) *Herramientas de corte por cizalladura.* Las herramientas de este tipo se usan principalmente en dos clases de máquinas: cizallas y punzonadoras. El corte es muy semejante, varía sólo la forma de la herramienta. Por lo general se desgastan, se rompen o se fatigan, según la forma de la pieza y la dureza del material trabajado, así como también de la calidad del tratamiento térmico. Una buena dureza no significa que haya tenido un tratamiento térmico correcto.

3) *Herramientas para deformar.* Existen varios tipos: las que se usan para embutir, las que sirven para forjar y las que se utilizan como matrices por inyección. Estas herramientas deben soportar todo tipo de desgaste por frotamiento, tanto en caliente como en frío. Es muy importante que tengan un acabado muy preciso para evitar entalladuras que facilitan las microfisuras durante el proceso de templado, así como también deformaciones por secciones muy contrastantes.

Se debe tener en cuenta que las propiedades fundamentales de una buena herramienta son: dureza, resistencia al desgaste, tenacidad, indeformabilidad mínima en caliente y no sufrir ninguna alteración de medidas durante el proceso térmico. Por ello el diseño que se genere en el departamento de ingeniería de planta debe ser lo más correcto posible, pues desde allí partirán matrices de larga duración o fallas garrafales.

## Consideraciones sobre el tratamiento de los aceros rápidos

El tratamiento térmico de los aceros rápidos nada tiene que ver en sus principios con los que rigen para los aceros al carbono o de poca aleación.

Imaginemos un vaso de agua, donde el agua es la austenita, pero a diferencia del agua la austenita no se ve a temperatura ambiente. Recién cuando calentamos por sobre el primer punto crítico (723 °C) empieza a aparecer, por eso la llamamos solución sólida. El cromo, el níquel, el molibdeno, el carbono, etcétera, son solubles en poca cantidad (como si agregáramos una cucharada de azúcar en el agua) a la temperatura de 820-880 °C, según la aleación. En cambio en los aceros rápidos es necesario una temperatura que puede oscilar entre los 1.200 °C y los 1.350 °C según el tipo de acero y en qué se lo va a aplicar.

La presencia de altos contenidos de Co, W, V, Mo, Cr, Ni hacen que se formen carburos dobles y complejos, muy difíciles de disolver. Es entonces cuando entran en juego la temperatura, el tiempo exacto de permanencia en el horno y la velocidad de enfriamiento. Si nos excedemos en la temperatura podemos quemar el borde de los granos, y de esa manera inutilizar quizás una matriz costosa. Yo aconsejo que cuando se compra un acero rápido que no posee tratamiento térmico, se solicite al proveedor un trozo pequeño para realizar previamente un ensayo en la mufla del laboratorio y luego observar los resultados en el microscopio. Por lo general el fabricante le da la temperatura de temple, pero casi nunca coincide con lo que conviene al trabajo que vamos a realizar, pues nos proporcionan tablas para condiciones ideales, que muchas veces los laboratorios de planta están lejos de tenerlas, sobre todo aquí en Sudamérica. También influye mucho el tipo de pieza a tratar, y por otra parte, siempre queda austenita retenida en la superficie, por lo cual debemos evitar la generación de grandes cantidades de austenita y disolver lo mejor posible los carburos a la temperatura exacta para obtener la máxima dureza.

El revenido quizás sea lo más importante de todo el proceso, pues durante el calentamiento, que puede llegar a 600 °C, se disuelven la austenita retenida y los carburos complejos. Se aconseja realizar no menos de dos revenidos: una a menor temperatura que la que se indica en los folletos de las fábricas y otro a más alta temperatura. Ejemplo: primer revenido a 560 °C y el segundo a 620 °C durante un tiempo largo (depende de los espesores), calculando a una hora por pulgada de espesor. Los dos procesos deben realizarse, por ejemplo, en una matriz cuadrada de 200 x 200 x 200 mm, no menos de 10 horas entre los dos revenidos. Si la dureza al final del temple es de 53-55 rockwell, después del revenido doble debe ser de 59-61 rockwell. La primera es lo que se llama dureza secundaria y la segunda, dureza final del trabajo.

Como guía daremos una tabla de clasificación de aceros para herramientas que por lo general entregan los fabricantes de cada acero. Con la incorporación del boro, a partir de los años 1970 ha variado mucho la clasificación, pues este elemento además tiene la cualidad de ser un factor determinante en el temple por efecto de masa (acelera la velocidad de penetración del temple en grandes matrices), es un gran solubilizador de los carburos en la cementita, impidiendo la formación de carburos tanto complejos como simples y dobles.

| Grupos | Tipos | C | Mn | Si | Cr | Ni | W | V | Mo | Co | Al |
|---|---|---|---|---|---|---|---|---|---|---|---|
| Aceros al carbono | Resistencia al choque........ | 0,5-0,7 | 0,2-0,9 | 0,25 | | | | ope. | | | |
| | De resistencia intermedia al choque y desgaste ........ | 0,7-1,0 | 0,2-0,9 | 0,25 | | | | ope. | | | |
| | Resistentes al desgaste ........ | 1,0-1,5 | 0,2-0,9 | 0,25 | | | | ope. | | | |
| Aceros indeformables | Al manganeso ........ | 1,0 | 1,0-1,6 | 0,25 | 0,5 | | 0,5 | ope. | ope. | | |
| | Al cromo de baja aleación ........ | 1,0 | 0,3 | 0,25 | 1,2-1,8 | | | ope. | 1,0 | | |
| | 5% de cromo ........ | 1,0 | 0,5 | 0,25 | 5,0 | | | 0,5 | ope. | | |
| | 12 % de cromo ........ | 1,4-2,4 | 0,3 | 0,25 | 12,0 | | | ope. | ope. | ope. | |
| Aceros de gran tenacidad para trabajos de choque en frío | Manganosilíciosos ........ | 0,45-0,65 | 0,6-1,0 | 1,5-2,5 | | | | ope. | | | |
| | Cromo-vanadio ........ | 0,45-0,65 | 0,6 | 0,25 | 1,0 | | | 0,2. | | | |
| | Cromo-wolframio ........ | 0,3-0,6 | 0,6 | 0,7-1,5 | 0,5-1,5 | | 1,5-2,5 | ope. | | | |
| | Cromo-molibdeno ........ | 0,4-0,6 | 0,5 | 0,2-1,0 | 0,7-1,5 | | | ope. | 0,6-1,2 | | |
| Aceros para trabajos en caliente | Cr-Ni-Mo para matrices de forja ..... | 0,3-0,6 | 0,5 | 0,25 | 0,7-1,2 | 1,5-4,5 | | ope. | 0,2-0,5 | | |
| | 4% de wolframio ........ | 0,3-0,5 | 0,3 | 0,7-1,5 | 1,0-2,0 | | 4,0 | ope. | 0,2-0,6 | | |
| | Altos en wolframio ........ | 0,3-0,5 | 0,3 | 0,25 | 2,0-4,0 | | 8,0-15,0 | ope. | 2,5-8,0 | | |
| | Al molibdeno ........ | 0,3-0,6 | 0,3 | 0,25 | 1,0-4,0 | | 0-3,0 | ope. | 0,5-1,5 | | |
| | 5% de cromo........ | 0,3-0,5 | 0,3 | 1,0 | 5,0 | ope. | ope. | 0,5 | | ope. | |
| Aceros rápidos clásicos | 14-4-1 ........ | 0,6-0,8 | 0,3 | 0,25 | 4,0 | | 14,0 | 1,0 | | | |
| | 18-4-1 ........ | 0,6-0,9 | 0,3 | 0,25 | 4,0 | | 18,0 | 1,0 | | | |
| | 18-4-1 - con 5% de Co ........ | 0,7-0,9 | 0,3 | 0,25 | 4,0 | | 18,0 | 1,0-2,0 | | 5,0 | |
| | 20-4-2 con 10% de Co ........ | 0,7-0,9 | 0,3 | 0,25 | 4,0 | | 18,0-21,0 | 2,0 | | 9,0-12,0 | |
| Aceros rápidos de sustitución | Al molibdeno ........ | 0,7-0,9 | 0,3 | 0,25 | 4,0 | | 0-2,0 | 1,0-2,0 | 8,0-9,0 | | |
| | Molibdeno-wolframio ........ | 0,8-0,9 | 0,3 | 0,25 | 4,0 | | 6,0 | 2,0 | 5,0 | 0-8,0* | |
| | W-Mo-V ........ | 1,25 | 0,3 | 0,25 | 4,0 | | 5,5 | 4,0 | 4,5 | 0-8,0* | |
| | W-Mo-V de baja aleación ........ | 0,95 | 0,3 | 0,25 | 4,5 | | 3,0 | 2,8 | 2,5 | | |
| | 10-4-2 con molibdeno ........ | 0,8 | 0,3 | 0,25 | 4,0 | | 9,0-12,0 | 2,0. | 1,0-2,0 | | |
| Aceros de corte no rápidos | Al cromo ........ | 0,8-1,5 | 0,3-0,9 | 0,25 | 0,5-1,5 | | | ope. | | | |
| | Al wolframio ........ | 0,9-1,2 | 0,3 | 0,25 | 0,5-1,5 | | 0,5-3,5 | ope. | | | |
| | Cromo-wolframio ........ | 1,0-1,5 | 0,3 | | | | 1,0-5,0 | | ope. | | |
| Aceros grafíticos | De temple en agua ........ | 1,5 | 0,3 | 0,9 | | | | | | | |
| | De temple en aceite ........ | 1,5 | 0,3 | 0,8 | | | | | | | |
| | De gran dureza ........ | 1,5 | 0,3 | 0,65 | | | 2,8 | | 0,25 | | |
| | Con aluminio ........ | 1,5 | 0,3 | 0,2 | 0,4 | 1,7 | | | 0,5 | | 0,18 |
| | De temple al aire ........ | 1,5 | 1,2 | 1,2 | | | | | 0,5 | | |

* Los márgenes indicados no son tolerancias de fabricación sino límites entre los que suele variar, para cada tipo, la composición nominal.

# 21. FUNDICIONES

Se denomina *fundición* a un grupo grande y muy importante de aleaciones a base de hierro, con diversos contenidos de carbono y silicio, en las cuales el porcentaje de carbono se encuentra en cantidad superior a la que puede retener la austenita en solución sólida a la temperatura eutéctica.

Existen fundiciones aleadas con otros elementos: el fósforo, el silicio, el manganeso, que no cuentan en demasía.

Actualmente las fundiciones se producen en gran cantidad, inclusive más que el acero, por sus innumerables aplicaciones en todo tipo de piezas y por su bajo costo.

Las fundiciones dependen, entre otros factores, de su composición química, de la velocidad de colada, de las condiciones de enfriamiento y de los tratamientos térmicos posteriores.

Veamos los distintos tipos de fundiciones.

## Fundición gris

Contiene la mayor parte de carbono bajo la forma de láminas de grafito (más adelante indicaremos cómo se clasifican), el resto es perlita. La estructura que se observa con el microscopio será pues perlita con láminas de grafito de distintas formas. Es de fácil moldeo y de allí que sea ideal para las piezas de formas complicadas que no se pueden realizar por forjado, estampado u otro tipo de conformación.

## TIPOS DE GRAFITOS

### Tipo A                    Tipo B

Distribución uniforme      Agrupación
en rosetas

### Tipo C                Tipo D                Tipo E

Láminas superpuestas.      Segregación          Segregación
Sin orientación         interdendrítica.     interdendrítica.
Sin orientación      Con orientación

El contenido de carbono total puede ser desde 2,50% hasta 325%, el de silicio de 1,20% a 2,50%, el manganeso hasta 0,90%, el azufre hasta 0,30% y el fósforo desde 0,1% hasta 1%, aunque lo normal sería 0,50% aproximadamente.

Lo más importante en una fundición gris es el carbono combinado, que se obtiene de restar el porcentaje de carbono total menos el grafítico, datos obtenidos por análisis químico. Si el porcentaje supera el 0,60%, estaremos con seguridad en presencia de punto duros en las zonas más débiles de las piezas, y por tal motivo pueden presentar dificultades en el mecanizado.

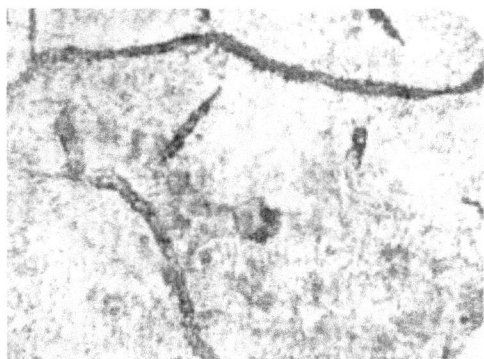

x 100

**Fundición gris. Ataque: Nital 1%**

El carbono combinado no debe superar el 0,45%, porcentaje que casi nunca se cumple en las fundiciones para piezas sin importancia porque cuanto más altos sean el carbono total y el silicio, menos posibilidades habrá de agrietamiento y dificultades en la solidificación. El silicio está directamente relacionado con esto último. El principal efecto del silicio es el de acelerar la velocidad de formación del grafito.

## Microconstituyentes

El grafito es el elemento más importante. Su forma, su tamaño y su distribución determinan las características mecánicas de las fundiciones. Existen ocho tipos de grafito, clasificados por la American Society for Testing Materials (ASTM), y su identificación se realiza por comparación luego de preparar la probeta y observarlos con el microscopio con 100 aumentos. Lo ideal es el tipo A, de distribución uniforme, de tamaño 6-8 en la escala ASTM.

## Perlita

Al igual que el acero, la fundición está formada principalmente por este microconstituyente que se nos presenta en el microscopio como láminas sobre un fondo de ferrita. La separación entre láminas dependerá de la velocidad de enfriamiento: cuanto más lenta es ésta, más separadas se verán.

Las características mecánicas de la fundición gris y su resistencia al desgaste están en relación directa con el contenido de perlita de la matriz. A mayor cantidad de perlita, mayor contenido de carbono combinado y más resistencia al desgaste, con láminas de grafito tipo A pero algo más fina. Es importante que el contenido de carbono combinado esté dentro de los límites 0,40-0,50%. Las pequeñas fundiciones trabajan siempre con 0,20-0,30% con el fin de evitar puntos duros y la posibilidad de no recocer con posterioridad, dado que su dureza es algo elevada. Con 0,45% de carbono combinado la dureza Brinell ideal es de 220 a 250. No tiene la dureza del acero, que es directamente proporcional a la resistencia a la tracción.

**Ferrita**

Aparece como libre cuando se efectúa un recocido con temperatura superior a la crítica (800 °C) o cuando el silicio es algo elevado. Las fundiciones ferríticas son de baja calidad porque son bajas en dureza y resistencia al desgaste, pero son muy buenas para mecanizar.

**Cementita**

O lo que es lo mismo el carburo de hierro, es un microconstituyente muy duro y frágil. Su presencia es indeseable en las fundiciones por los inconvenientes que se presentan al mecanizar.

**Esteadita**

Es un microconstituyente indeseable y se presenta cuando el porcentaje de fósforo es alto (más de 0,25%). Es dura y frágil y se la observa al microscopio como una laguna blanca

x 100

**Esteadita y perlita. Ataque: Nital 1%.**

con pequeños puntos negros en todo su contorno interior (ver figura). Para ser observada con el microscopio se lo ataca con nital al 5%. Las fundiciones pueden templarse y luego revenirse a la dureza deseada, quedando una estructura de martensita revenida con un grafito fino y uniformemente distribuido.

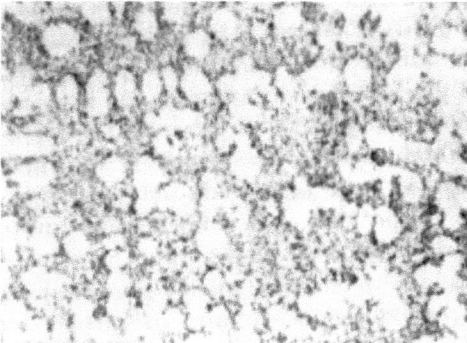

x 100

**Grafito tipo D, tamaño núm. 7**

## Silicio

Es el elemento grafitizador del carburo de hierro y también produce la descomposición de la cementita. Su concentración varía entre 1,5% y 3,25%. Si se eleva este porcentaje, disminuye su acción grafitizadora.

## Manganeso

Es el elemento que contrarresta la acción perjudicial del azufre. Su contenido debe ser de 0,60% a 0,80% y se disuelve en una pequeña cantidad de ferrita y logra aumentar la resistencia y dureza de la fundición, así como también su templabilidad.

## Azufre

Este elemento no es perjudicial como lo es en el acero; es tolerable hasta 0,20%. Es difícil que forme sulfuros con el manganeso, pero sí es marcada la acción estabilizadora sobre la cementita, lo cual nos está indicando su tendencia a formar fundiciones blancas. Seleccionando bien la chatarra a utilizar, este elemento no forma parte de aquellos que perjudican a la buena fundición.

## Fósforo

Puede ser perjudicial o no. Forma el microconstituyente *esteadita*, que cuando existe en gran cantidad hace decrecer la maquinabilidad, así como su porosidad. Con un porcentaje no mayor que 0,35% favorece la fluidez y la formación de grafito, aunque esto último es relativo salvo en grandes cantidades (más de 1%). Hasta 0,70% se lo suele utilizar en piezas de secciones variables (gruesas y delgadas a la vez).

## Fundiciones aleadas

Se las utiliza para fines específicos, por ejemplo en las industrias naval, automotriz y aeronáutica. Un solo elemento no varía demasiado sus propiedades, por eso siempre van unidas con otros elementos, como Cr, Ni, Mo, V, Cu. Estos incrementan su resistencia a la corrosión y a la alta temperatura. De alguna manera todos facilitan la grafitización, que es la razón primordial de una fundición: obtener un buen grafito (tipo A-B).

## Cromo

Incrementa la dureza, la resistencia mecánica y la resistencia al desgaste. Es ideal para piezas grandes ya que se obtienen estructuras uniformes y se elimina casi por completo la porosidad. El contenido varía según el tipo y otros elementos aleantes, lo normal son porcentajes de 0,40% a 1,20%.

El cromo es un estabilizante de los carburos pues forma complejos muy estables. Se fabrican fundiciones con hasta 25% de cromo o más para aquellas piezas que deben ser sometidas a elevadas temperaturas y en las que es necesario evitar la corrosión. Es ideal para su posterior tratamiento térmico porque evita que el grafito absorba la austenita del carbono.

La austenita es muy ávida de captar carbono cuando está en solución sólida (temperatura superior a 840 °C).

## Níquel

No forma carburos y es fundamental para estabilizar la perlita. Es un elemento grafitizador, afina el grano y confiere un grafito casi ideal, por lo cual algunos fabricantes lo utilizan en reemplazo del silicio. La convivencia de estos dos elementos no es conveniente porque el silicio es el gran formador de grafito en las fundiciones grises comunes. Lo ideal es conformar una fundición con Cr-Ni-Mo, que al igual que el acero nos puede dar un amplio campo de propiedades físicas y químicas.

Con este elemento pueden fabricarse fundiciones martensíticas, muy útiles en el campo del petróleo. La famosa fundición Ni-hard, con 25% de Ni, tiene elevada conductividad eléctrica y alta resistencia a los agentes químicos (ácidos, álcalis, etc.).

## Molibdeno

Es el elemento que mejor efecto produce sobre la fundición, sobre todo sobre la forma, el tamaño y la distribución del grafito. Posee gran maquinabilidad, superior a cualquier otro elemento; prácticamente no forma carburos y en altas concentraciones aumenta la resistencia a la fatiga. Con la adición de níquel, es ideal para su tratamiento térmico.

## Cobre

Incrementa la maquinabilidad, como en el acero utilizado por los ingleses. Su estructura es la de una perlita fina, y su contenido debe ser como máximo cerca del 2%, aunque depende del tipo de piezas a fabricar. Algunos autores fijan el límite en el 4%. Es ideal para las piezas que deban estar en contacto con ácidos.

## Vanadio

Al igual que el acero es un gran formador de carburos. Prevé la formación de dendritas y su contenido en una fundición varía entre 0,20 y 0,30%.

Como todos los carburos simples o dobles, es de difícil disolución a alta temperatura. Aumenta la dureza y la carga de rotura. Es de muy difícil dilatación en condiciones exigentes. Se lo puede utilizar con otros elementos de aleación mencionados anteriormente (Cu, Ni, Cr, Ni, Mo).

Otros elementos como el *boro* aumentan la templabilidad y por lo tanto pueden producirse fundiciones blancas. El *magnesio* es muy utilizado en las formaciones de fundiciones nodulares.

## Fundiciones blancas y atruchadas

Las fundiciones blancas están conformadas prácticamente con 80% de cementita, por lo tanto son muy duras y no se pueden mecanizar, salvo por rectificado y con piedras especiales.

Existen dos métodos para obtenerlas:

a) por moldeo,

b) por composición química.

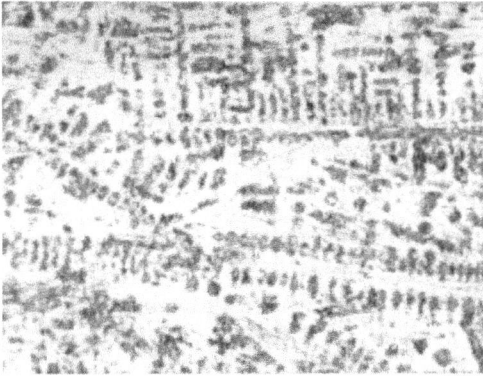

x 100

**Fundición blanca. Ataque: Nital 1%.**

x 500

**Fundición blanca. Ataque: Nital 1%.**

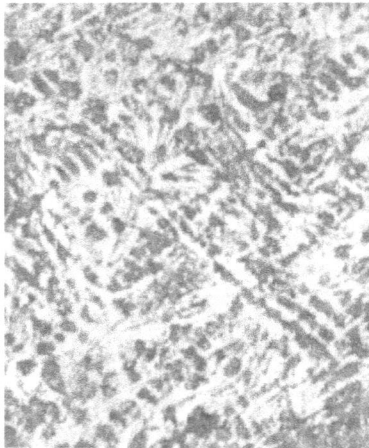

x 100

**Zona blanca de una fundición atruchada.**

## Por moldeo

La fundición colada entra en contacto muy rápidamente con la coquila y por lo tanto su enfriamiento es muy rápido, de manera que no se forma grafito alguno. Su dureza supera los 65 rockwell.

Estas fundiciones con específicas; pueden ser localizadas, como las puntas de los árboles de levas y los botadores del automóvil. En estos casos, al fundir localizadamente, tendremos una gran dureza y resistencia al desgaste y a la compresión (ver figura). Se la denomina fundición atruchada y como toda fundición es fundamental el contenido de carbono total (3% a 3,25%), así como toda su composición química.

### Fundiciones maleables

Para ser prácticos imaginemos una maza de rueda del automóvil, donde van los tornillos de la rueda y va ajustada la cubierta. Hasta 1963 esta pieza se fabricó con el método del forjado, aunque en acero de bajo carbono (0,20%) y con un costo intolerable. Se logró reemplazar por una fundición maleable que puede doblarse hasta formar un ángulo recto sin romperse (es difícil ver una maza de rueda rota, ya que es una pieza de seguridad). La primera fundición maleable se conoció con el nombre de fundición de corazón negro, y su estructura consistía en una matriz de ferrita con copos de grafito recocido. Hoy se lo conoce como *fundición americana de corazón negro*. Este nombre se lo debe a Seth Boiden, un estadounidense que buscando reemplazar a la europea obtuvo la primera fundición maleable. A diferencia de la europea, esta fundición presenta una estructura ferrítica uniforme y tiene la particularidad de que pueden lograrse piezas de grandes dimensiones y secciones complicadas; es de perfecta maquinabilidad no superada aún por otros procedimientos.

El proceso de fabricación comprende un ciclo apropiado de tratamiento térmico y por ello están ausentes las tensiones de moldeo y se logra uniformidad de estructura. Para fabricarla se parte de una fundición blanca y allí empieza un ciclo de tratamiento térmico de recocidos, transformándola de un producto duro en otro de propiedades inestimables para la industria.

La fundición blanca con que se parte es carburo de hierro, y el eutectoide perlita formado por ferrita y cementita más el recocido posterior de grafitización transforma toda la cementita en ferrita y carbono libre.

Cuando se realiza el primer recocido por lo general es entre 920°C y 950 °C, descomponiéndose la cementita en ferrita y grafito de recocido (o globular). El segundo proceso consiste en la rotura de la cementita perteneciente a la perlita, que deposita el carbono sobre partículas ya existentes del mismo elemento.

En la fundición maleable perlítica se elimina el segundo proceso de recocido y previamente se inoculan otros elementos aleantes.

## Fundición maleable europea de corazón blanco

Es muy parecida a la americana, pero difiere mucho en su fabricación, ya que se debe controlar el carbono, manteniéndolo lo más bajo posible, y la dosificación del silicio estará en función de los espesores de la pieza fabricada. Hoy es reemplazada casi en su totalidad por la fundición maleable americana.

## Fundición maleable americana

Como ya hemos expresado, se parte de una fundición blanca, pero es muy importante el control de su composición química.

El carbono deberá estar entre los límites de 2,25% y 2,85% y el silicio entre 1% y 1,80%. Si se altera esta composición se harán tratamientos térmicos más largos y previamente habrá que controlar la solidificación, que estará de acuerdo con las secciones de las piezas a fundir. Controlando los contenidos del porcentaje de los elementos (± 8/12%), se obtendrá la fundición blanca ideal. Si observamos al microscopio atacado con 3% de nital la estructura será perlita, cementita y lebedurita (ver figura).

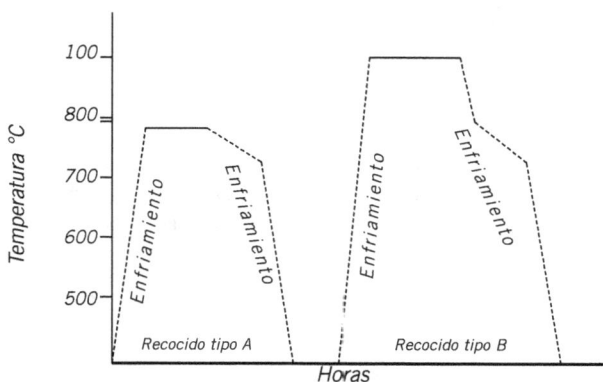

Representación gráfica de dosciclos clásicos de recocido de ferritización de la fundición nodular.

Es importante la selección de la materia prima, controlando el manganeso, el azufre y el fósforo; este último debe ser lo más bajo posible.

Durante el proceso de tratamiento térmico algo del carbono se elimina, formando así una atmósfera controlada. De allí que difiera el porcentaje de carbono de la fundición blanca respecto del producto final.

En el proceso de solidificación influyen otros elementos como el teluro, que también se usa en fundición de aluminio en las aleaciones que luego serán tratadas térmicamente.

El *boro* es otro de los elementos que se utilizan pues incide en la formación del grafito durante el recocido en su primera fase. Si se supera el porcentaje de 0,01/0,04 el grafito tendrá forma dendrítica y se retardará la grafitización. Antes se utilizaban también elementos como cobre, molibdeno y níquel.

El tiempo de permanencia del recocido fue variando a través de los años. Antes duraba entre 18 y 72 horas; hoy sólo 14 horas, según el tipo de piezas y la forma del horno. El más utilizado es el tipo campana (el piso está fijo y la solera se eleva en guinche). La temperatura es de 960 °C para la primera fase, pero dependerá del tamaño de las piezas, composición química, tiempo, etcétera. La temperatura para la segunda fase es de 730 °C y 790 °C. Los tiempos de nodulización del grafito dependen del tipo o tamaño de la pieza. Es de destacar que los hornos modernos son de atmósfera controlada.

### Fundición maleable perlítica

Esta fundición se diferencia de la ferrítica, porque, como su nombre lo indica, su matriz es perlítica con nódulos de grafito uniformemente distribuidos. Se la utiliza cuando se requiere más resistencia y dureza, y mediante el temple se obtiene una estructura martensítica; su revenido se realizará a la temperatura y variará según la dureza requerida.

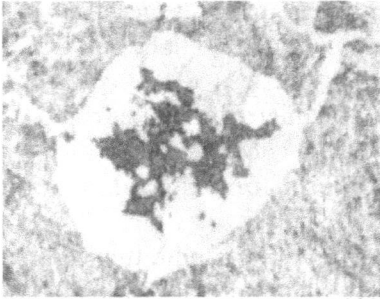

x 100

**Fundición maleable perlítica.
Ataque: Nital 1%.**

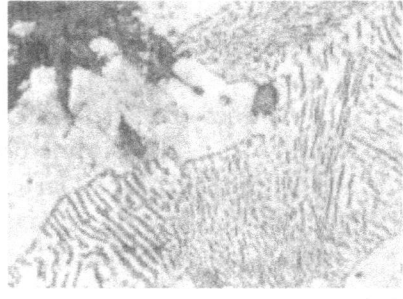

x 100

**Fundición maleable perlítica,
templada. Ataque: Nital 1%.**

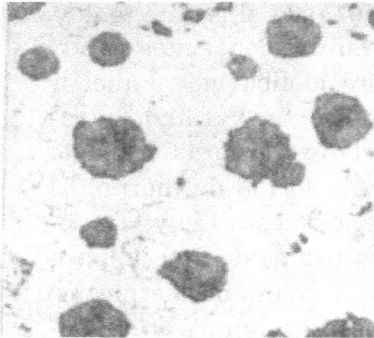

x 100

**Fundición nodular ferrítica.
Ataque: Nital 1%.**

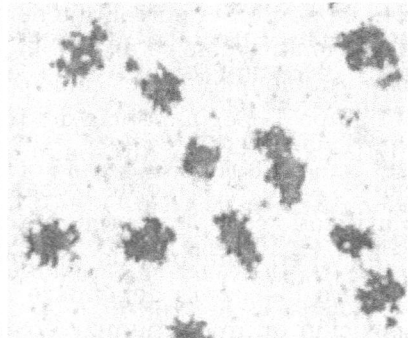

x 100

**Fundición maleable ferrítica.**

Si observamos al microscopio veremos una martensita revenida con nódulos no uniformes, como en el caso de la fundición ferrítica (ver figura).

## Fundición nodular

Esta fundición fue descubierta en 1948 por H. Morogh, de la British Cast Iron Research Association. Con la adición de

cerio como inoculante antes de colarse se evita todo tratamiento posterior. También se utiliza manganeso en la cucha-
ra y la calidad de la misma dependerá de la materia prima y
la composición química, entre otros factores (tamaño de las
piezas, temperatura y elementos químicos no deseables).

Las propiedades son similares a la de la fundición maleable y su composición química debe estar entre los siguientes
valores: carbono de 2,90% a 3,70%; silicio de 1,6% a 2,90%;
manganeso de 0,3% a 1%; azufre 0,35% como máximo y magnesio de 0,10% a 0,40. Este elemento es muy usado como excelente nodulizador.

Las piezas delgadas que se fabrican por moldeo deberán tener un tratamiento térmico posterior por la casi segura presencia de carburos libres. La temperatura recomendable para
su eliminación es de 920 °C, que luego se bajará hasta 780 °C
y manteniéndolo durante el tiempo necesario según el tipo de
pieza. Su enfriamiento también estará en relación directa con
la misma. Además juega un papel importante la velocidad de
enfriamiento de los 920 °C a los 780 °C.

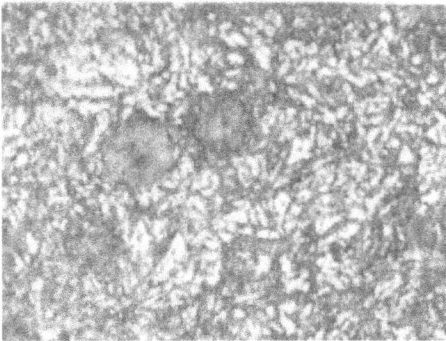

x 300

**Fundición nodular templada. Ataque: Nital 1%.**

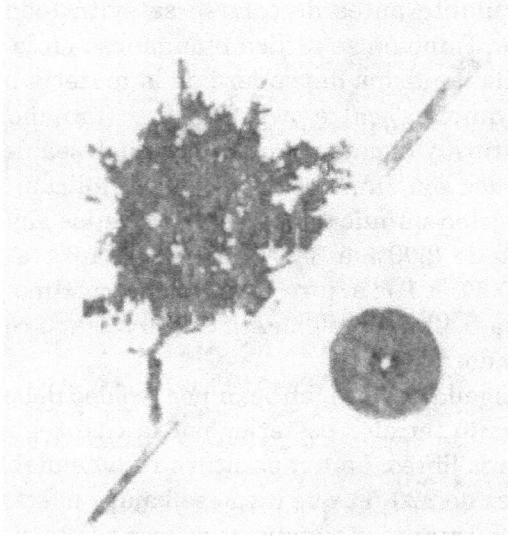

**Grafito de fundición nodular perlítica.**

# 22. LOS ACEROS MÁS UTILIZADOS EN LA ARGENTINA Y EN AMÉRICA

Los aceros que detallamos a continuación son los más usuales en la Argentina y en América. Ellos cubren con holgura las necesidades de la industria del automóvil, de las máquinas agrícolas y eléctricas y en algunos casos los requerimientos de matricería cuya exigencia no supere los límites tolerables (matrices de doblado, de bajo embutido y también de corte, etcétera).

La industria siderúrgica de nuestro país abastece con absoluta normalidad estos tipos de aceros con calidad internacional.

Nuestra intención al incluir los aceros con todas sus características, es que el fabricante de cualquier tipo de piezas obtenga rápidamente una respuesta a su consulta.

# ACEROS SEGÚN LAS NORMAS SAE

## SAE 1010

1) *Composición química:* Co 0,08-0,24%. Manganeso 0,30-0,60%. Se puede conformar en frío. Color de identificación: castaño.

2) *Aplicaciones:* Se utiliza en las piezas que requieran de baja a mediana resistencia a la tracción: bulones comerciales, alambres de todo tipo, tornillos pequeños y grandes.

3) Es un acero apto para cementar.

4) *Punto crítico superior sin engrosamiento de grano:* 880 °C.

5) En estado de recocido globulizado tiene 65% de maquinabilidad.

6) Se recomienda un tamaño de grano de 3-6 ASTM.

7) No se templa.

8) *Templado de la capa cementada:* 760-780 °C agua.

9) *Normalizado:* 860-880 °C.

10) *Dureza orientativa según su proceso:* 110-160 HBrinell.

11) *Equivalencias:* DIN CK-C10 - UNI-10 - AFNOR - XC 10 CC10 - BA 040 A 10 - ASTM 1010.

# SAE 12 L 14

1) *Composición química:* Carbono máximo: 0,15%. Manganeso: 0,85-1,35%. Azufre: 0,22-0,40%. Fósforo máximo: 12%. Plomo: 0,15-0,35%.

2) *Clasificación:* Acero de corte libre.

3) *Color de identificación:* Castaño, rojo oscuro, amarillo, aluminio.

4) *Aplicaciones:* Piezas de baja responsabilidad para fabricar en tornos automáticos de gran velocidad de corte. No se recomienda para cementación.

5) *Maquinabilidad:* Laminado en frío: 160%.

6) *Soldabilidad:* Con electrodo con carbono máximo: 0,45%.

7) *Normalizado:* a 900 °C.

8) *Dureza:* Laminado en caliente: 116-117 HBrinell.

9) *Equivalencias:* SAE - AISI - ASTM - 12L14 - DIN 105Pb 20 - UNI - 9 MnPb 23 - AFNOR - S 250 Pb.

10) *Diámetro crítico ideal:* 29,2 mm.

11) *Temperatura de forja:* 1.000 a 1.200 °C.

# SAE 1045

1) *Composición química:* Carbono: 0,43-0,50%. Manganeso: 0,60-0,90%. Silicio: 0,10-0,30%. Azufre máximo: 0,050%. Fósforo máximo: 0,040%.

2) *Clasificación:* Acero de resistencia media.

3) *Color de identificación:* Amarillo, verde.

4) *Aplicaciones:* Piezas fabricadas por forjado, maza de rueda, bielas, cigüeñales (con adición de boro 0,10-0,20%), centro de embragues. Todos con tratamientos térmicos.

5) *Maquinabilid*ad: 55 a 65% con normalizado o recocido crítico.

6) *Soldabilidad:* Con un electrodo desde 0,55 a 0,75% de carbono.

7) *Templabilidad al aceite:* Hasta un diámetro de 14 mm (troosto-bainítica).

8) *Templado al agua:* Hasta un diámetro de 26 mm (martensita).

9) *Temperatura de forjado:* 1.150-1.250 °C.

10) *Temperatura de normalizado:* 860 °C. Según el tamaño de grano se puede normalizar desde 820 °C.

11) *Dureza Brinell:* Después del normalizado: 180 °C - 220 Hb.

11) *Equivalencias:* SAE - AISI - ASTM 1045 - DIN CK 45 - UNI C 45 - AFNOR XC 42 - BS no lo usan.

# SAE 1060

1) *Composición química:* Carbono: 0,55-0,66%. Manganeso: 0,60%. Silicio: 0,10%. Azufre y fósforo, máximo 0,040%.

2) *Clasificación:* Es un acero de alta resistencia y apto para temple.

3) *Color de identificación:* Azul.

4) *Aplicaciones:* Es un acero de alta resistencia y es apto para temple.

5) *Maquinabilidad:* En estado de recocido globulizado tiene 60% de maquinabilidad.

6) *Soldabilidad:* Con electrodo de hasta 0,86% de carbono.

7) *Templabilidad:* Diámetro ideal: 31,5 mm.

8) *Aplicaciones:* Alambres para resortes, arandelas elásticas, tensores, armas blancas, portaherramientas.

9) *Tratamiento térmico:* Normalizado 800-830 °C. Templado de 800-840 °C, según tipo y forma de la pieza a tratar.

10) *Características mecánicas:* Dureza 220-280 HBrinell.

11) *Equivalencias:* SAE - AISI - ASTM 1060 - DIN C50 CK - UNI C 60 - AFNOR XC 60 - BS no tiene.

# SAE 1070

1) *Composición química:* Carbono: 0,65-0,75%. Manganeso: 0,60-0,75%. Silicio: 0,10-0,30%. Azufre y fósforo: 0,040% máximo.

2) *Clasificación:* Acero de alta resistencia luego de templado.

3) *Color de identificación:* Violeta.

4) *Aplicaciones:* Alambre de alta resistencia, resortes, cuerdas de piano, talones para neumáticos, punzones.

5) *Diámetro crítico ideal:* 30 mm.

6) *Maquinabilidad:* Con recocido de globulización: 45%.

7) *Soldabilidad:* Con electrodo con 95% de carbono.

8) *Normalizado:* 800 °C, de acuerdo con el tamaño de grano, dureza 250-280 HBrinell.Temple:760-800 °C.

9) *Equivalencias:* SAE - AISI - ASTM 1070 - DIN CK UNI C70 - AFNOR XC 70.

10) *Máximo alargamiento con recocido de globulización:* 18-20%.

# SAE 1085

1) *Composición química:* Carbono: 0,80%. Manganeso: 0,70-1%. Silicio: 0,10-0,30%. Azufre y fósforo: máximo 0,040%.

2) *Clasificación:* Acero alto en carbono de alta resistencia.

3) *Color de identificación:* Gris claro, verde.

4) *Nombre comercial:* Acero plata.

5) *Aplicaciones:* Discos de arado, herramientas manuales, punzones, discos de embrague.

6) *Maquinabilidad:* Con recocido globulizado: 45%.

7) *Soldabilidad:* Con electrodos con porcentaje de carbono: 1,20% máximo.

8) *Diámetro crítico ideal:* 46,5 mm.

9) *Temperatura de temple:* 780 °C máximo.

10) *Dureza:* Normalizado 221-280 HBrinell máximo.

11) *Alargamiento:* Normalizado 8-15%.

12) *Equivalencias:* SAE - AISI - ASTM 1085 - DIN 90 Mn 4 - AFNOR XC 85.

# SAE 3115

1) *Composición química:* Carbono: 0,13-0,18%. Manganeso: 0,40-0,60%. Cromo: 0,55-0,75%. Níquel: 1,10-1,40%. Silicio: 0,20-0,35%. Azufre: 0,0040% máximo. Fósforo: 0,040% máximo.

2) *Forjado:* A 1.000-1.200 °C.

3) *Dureza:* Después de normalizado, 160-200 HBrinell.

4) *Color de identificación:* Anaranjado, castaño, verde.

5) *Maquinabilidad:* Estirado en frío: 67%.

6) *Soldabilidad:* Carbono del electrodo máxima 0,57%.

7) *Diámetro crítico ideal:* 29,2 mm..

8) *Estructura del núcleo después de cementado y templado:* Bainítica.

9) *Aplicaciones:* pernos de pistón, ejes, engranajes de todo tipo de módulo.

10) *Equivalencias:* SAE 3115 - AISI A 3115 - DIN 13 NiCr6 - UNI 16 CrNi 4 - AFNOR 10 NC6.

# SAE 4130

1) *Composición química:* Carbono: 0,28-0,33%. Manganeso: 0,40-0,60%. Silicio: 0,15-0,35%. Azufre y fósforo máximo 0,040%. Cromo: 0,80-1,10%. Molibdeno: 0,15-0,25%.

2) *Clasificación:* Acero de mediana templabilidad. Apto para nitruración.

3) *Aplicaciones:* Piezas forjadas que se usan templadas y revenidas como bulones, ejes, pernos, engranajes, etcétera. Apto para piezas nitruradas.

4) *Maquinabilidad:* En estado recocido: 70%.

5) *Soldabilidad:* Electrodo con carbono máximo 0,68%.

6) *Templado:* Estructura bainítica.

7) *Forjado:* 1.000-1.200 °C.

8) *Templado:* 820-850 °C.

9) *Dureza:* En estado normalizado: 2070230 HBrinell.

10) *Equivalencias:* SAE y AISI 4130 - DIN 25 CrMo4 - UNI 30 Cr Mo4 - AFNOR 30 CD4.

# SAE 4140

1) *Composición química:* Carbono: 0,38-043%. Manganeso: 0,70-1%. Silicio: 0,35%. Cromo: 0,80%. Molibdeno: 0,15%. Azufre y fósforo máximo 0,040%.

2) *Clasificación:* Acero aleado de gran templabilidad.

3) *Color de identificación:* Amarillo, castaño, amarillo.

3) *Aplicaciones:* Todo tipo de piezas templadas y revenidas, por ejemplo bulones de alta resistencia, bielas, cigüeñales, paliers, semiejes.

4) *Maquinabilidad:* En estado recocido: 56%.

5) *Soldabilidad:* Con electrodo de carbono: máximo 0,90%.

6) *Diámetro crítico:* 61 mm.

7) *Estructura:* Templada: austenítica.

8) *Forjado:* 1.000-1.150 °C.

9) *Dureza:* En estado normalizado: 280-311 HBrinell.

10) *Equivalencias:* SAE - AISI - ASTM 4130 - DIN 42 CrMo4 - AFNOR 42 CD 4 - BS (British Standard) 708 a 42.

# SAE 4320

1) *Composición química:* Carbono: 0,17-0,23%. Manganeso: 0,45-0,65%. Silicio: 0,15-0,35%. Cromo: 0,40-0,60%. Níquel: 1,65-2%. Molibdeno: 0,20-0,30%.

2) *Aplicaciones:* Piezas cementadas de muy alta responsabilidad.

3) *Maquinabilidad:* En estado laminado: 58-60%.

4) *Soldabilidad:* Con electrodo de composición química equivalente.

5) *Forjado:* 1.050-1.250 °C.

6) *Cementado y templado:* 920 °C. Templado 840 °C.

7) *Dureza:* Cementado y templado 62 HRC. Núcleo 200 HBrinell.

8) *Alargamiento:* En estado recocido: 19%.

9) *Equivalencias:* SAE 3310, 8620, 3115 - SAE y AISI 4320 - UNI 20 NiCrMo7.

# SAE 4340

1) *Composición química:* Carbono: 0,38%. Manganeso: 0,60%. Silicio: 0,20%. Cromo: 0,70%. Níquel: 1,65%. Molibdeno: 0,20-0,30%.

2) *Clasificación:* Acero aleado al níquel, cromo, molibdeno de alta resistencia. Es de muy alta templabilidad.

3) *Color de identificación:* Amarillo, anaranjado.

4) *Aplicaciones:* Piezas para aviones y automóviles en general, piezas sometidas a grandes esfuerzos (palas de hélice de los Boeing 737, 747, 757). También se utiliza en grandes matrices, herramientas de trabajo en caliente, punzones, bulones, cigüeñales de coches de carreras, bielas, etcétera.

6) *Maquinabilidad:* Recocido 50%.

6) *Soldabilidad:* Con electrodos de carbono, máximo 1%.

7) *Diámetro crítico:* 100,0 mm, con una estructura de temple martensítica.

8) *Forjado:* 1.000-1.200 °C.

9) *Tratamiento térmico:* El temple se realiza a 830-840 °C, dependiendo del tipo de pieza. El medio de enfriamiento es aceite de no más de 100 g/m Saibold de viscosidad.

10) *Dureza:* Normalizado 388 HBrinell. Recocido 217 HBrinell.

11) *Equivalencias:* SAE - AISI - ASTM 4340 - DIN 40 CrMo7 - AFNOR y B. Standard no poseen equivalencias.

# SAE 5115

1) *Composición química:* Carbono: 0,13-0,18%. Manganeso: 0,70%. Silicio: 0,20-0,35%. Cromo: 0,70-0,90%. Azufre y fósforo máximo 0,040%.

2) *Clasificación:* Acero aleado al cromo para cementación de mediana templabilidad. La misma está relacionada con el medio de enfriamiento elegido.

3) *Aplicaciones:* Piezas fabricadas por extrusión o mecánicas, engranajes, crucetas, pernos de pistón.

4) *Color de identificación:* Verde castaño.

5) *Maquinabilidad:* En estado laminado en caliente y recocido 65%.

6) *Soldabilidad:* Con electrodo carbono: 0,60 máximo.

7) *Diámetro crítico ideal:* 43 mm según el medio de enfriamiento.

8) *Forjado:* A 1.000-1.200 °C.

9) *Dureza:* De núcleo templado luego de cementado HRc 35-42.

10) *Equivalencias:* DIN 15 Cr 3 - ASTM 5115 - SAE 5115.

# SAE 5140

1) *Composición química:* Carbono: 0,38-0,43%. Manganeso: 0,70%. Cromo: 0,70%. Silicio: 0,20-0,35%. Fósforo y azufre: 0,040% máximo.

2) *Clasificación:* Acero aleado al cromo de gran templabilidad.

3) *Aplicaciones:* Piezas para temple y revenido como punta de ejes, paliers, ejes, bielas para motocicletas, etcétera.

4) *Maquinabilidad:* En estado recocido globulizado: 75%.

5) *Soldabilidad:* Electrodos con carbono hasta 0,778%.

6) *Forjado:* 900-1.200 °C.

7) *Dureza:* En estado normalizado 223 HBrinell.

8) *Alargamiento:* Normalizado 25%.

9) *Equivalencias:* SAE - AISI - ASTM - DIN 41 Cr 4 - AFNOR 42 Cr - 4 BS 530 H 40.

Es muy usual utilizar aceros del tipo descripto, como ser SAE 5135 y SAE 5130, variando solamente el medio de enfriamiento, por ejemplo para fabricar crucetas para semiejes o cardánicas. Luego de cementados se los enfría al agua. En el caso del SAE 5130 la dureza de núcleo llega a 45 HRc.

# SAE 8620

1) *Clasificación:* Acero al cromo molibdeno para cementación de baja templabilidad en diámetros superiores a 40 mm.

2) *Aplicaciones:* Piezas de mediano tamaño, con gran resistencia a la fatiga, como por ejemplo piñones, diferenciales, engranajes de alta revolución, pernos de seguridad y gran cantidad de piezas para el automóvil y máquinas agrícolas.

3) *Color de identificación:* Gris claro, azul, rojo oscuro.

4) *Maquinabilidad:* En estado normalizado: 70%.

5) *Soldabilidad:* Electrodo con carbono máximo 55%.

6) *Diámetro crítico ideal:* 35,5 mm.

7) *Forjado:* Hasta 1.150 °C.

8) *Dureza:* Hasta 207 HBrinell después de normalizado.

9) *Alargamiento:* 26% en estado normalizado.

10) *Resistencia al impacto:* En estado normalizado 58%.

11) *Equivalencias:* SAE - AISI - ASTM 8620 - DIN 21 NiCrMo2 - UNI 20 NiCrMo2 - AFNOR 20 NCD 2 - BS 850 H 20.

## SAE 8640

1) *Composición química:* Carbono: 0,38-0,43%. Manganeso: 0,75-1%. Silicio: 0,20-0,35%. Cromo: 0,40-0,60%. Níquel 0,40-0,70%. Molibdeno: 0,15-0,25%.

2) *Clasificación:* Acero aleadc de gran templabilidad.

3) *Color de identificación:* Gris claro, azul, amarillo.

3) *Aplicaciones:* Bulones de alta resistencia para esfuerzos estáticos y dinámicos.

4) *Maquinabilidad:* En estado recocido: 70%.

5) *Soldabilidad:* Electrodo con contenido de carbono máximo 0,90%.

6) *Diámetro crítico ideal:* 54,2 mm.

7) *Forjado:* 1.000-1.200 °C.

8) *Templado:* 900-1.200 °C.

9) *Dureza:* En estado normalizado: 255 HBrinell.

10) *Alargamiento:* En estado normalizado: 18%.

11) *Equivalencias:* SAE y  AISI - ASTM 8640 - AFNOR 40 NCD 2 - BSA 940 a 40.

# SAE 9260

1) *Composición química:* Carbono: 0,56-0,63%. Silicio: 1,80-2,20%. Manganeso: 0,75-1%. Azufre y fósforo máximo 0,040%.

2) *Clasificación:* Acero de alta templabilidad al silico-manganeso.

3) *Color de identificación:* Blanco, rojo oscuro, azul.

4) *Aplicaciones:* Resortes de suspensión, barras de torsión, cortafríos, puntas para martillos, herramientas de gran resistencia a los golpes.

4) *Maquinabilidad:* En estado recocido subcrítico: 50%.

5) *Soldabilidad:* Electrodo con carbono máximo 1%.

6) *Diámetro crítico ideal:* 85 mm.

7) *Forjado:* Máximo 900 °C (evitar decarburación)

8) *Dureza:* Normalizado 301 HB - 329 HBrinell.

9) *Resistencia al impacto:* Templado y revenido a 42 HRC 75%.

10) *Equivalencias:* SAE - AISI - ASTM 9260 - AFNOR 61 S 7.

# SAE 52100

1) *Composición química:* Carbono: 0,98%. Manganeso: 0,25-0,45%. Silicio: 0,20-0,35%. Cromo: 1,30-1,60%. Azufre y fósforo máximo 0,040.

2) *Clasificación:* Acero aleado con muy alta templabilidad.

3) *Aplicaciones:* Rodamientos de alta calidad (rodillos, bolillas, pistas de rodamientos, rodillos para laminar flejes en frío)

4) *Maquinabilidad:* En estado globulizado: 40%.

5) *Diámetro crítico ideal:* 66 mm.

6) *Forjado:* 950-1.200 °C.

7) *Dureza:* Recocido de globulización HBrinell 200 °C.

8) *Alargamiento:* Con recocido: 25%.

9) *Equivalencias:* SAE - AISI - ASTM 52100 - DIN 100 Cr 6 - UNI 100 C6 - AFNOR 100 C6.

# 23. TIPOS DE INCLUSIONES EN EL ACERO

## A (Sulfuros)

| SERIE FINA | SERIE GRUESA |
|---|---|
| (Grosor aproximado: 4 μm) | (Grosor aproximado: 6 μm) |

**1**
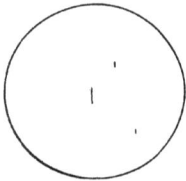 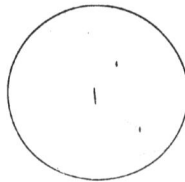

**2**
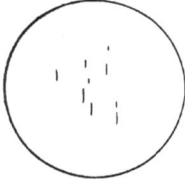 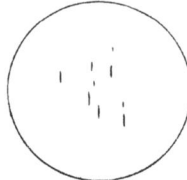

**3**
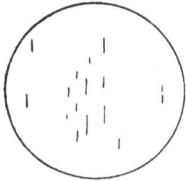 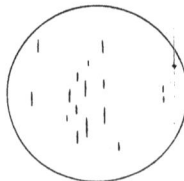

**4**
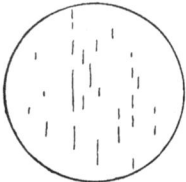 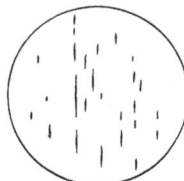

**5**
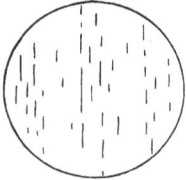 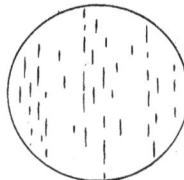

# B (Óxidos de aluminio)

| SERIE FINA | SERIE GRUESA |
|:---:|:---:|
| (Grosor aproximado: 9 μm) | (Grosor aproximado: 15 μm) |

**1**

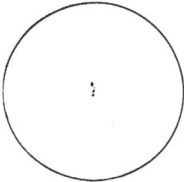 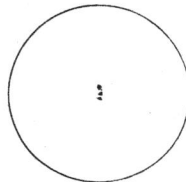

**2**

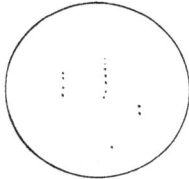 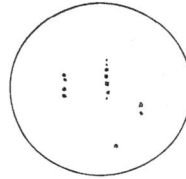

**3**

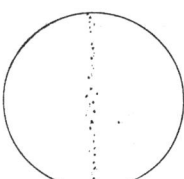 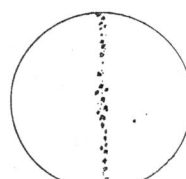

**4**

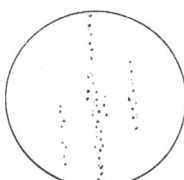 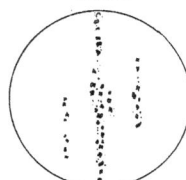

**5**

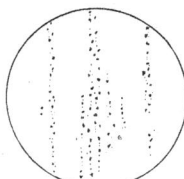 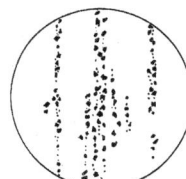

# C (Silicatos)

| SERIE FINA | SERIE GRUESA |
|:---:|:---:|
| (Grosor aproximado: 5 µm) | (Grosor aproximado: 9 µm) |

**1**
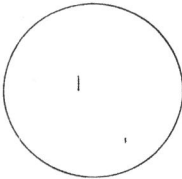
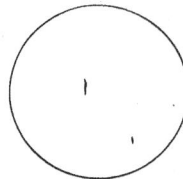

**2**
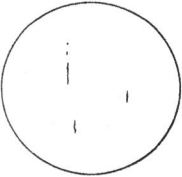
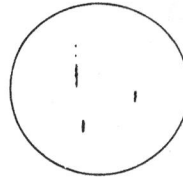

**3**
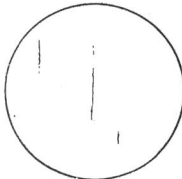
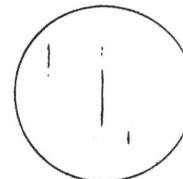

**4**
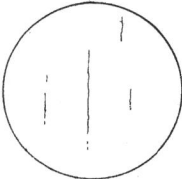
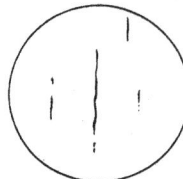

**5**
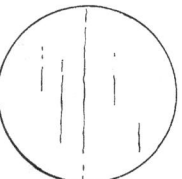
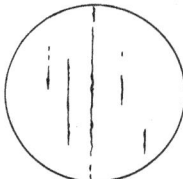

# D (Óxidos de otros tipos)

|              SERIE FINA              |             SERIE GRUESA             |
| (Grosor aproximado: 8 µm)            | (Grosor aproximado: 12 µm)           |

**1**
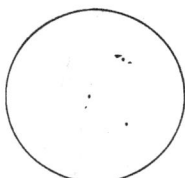 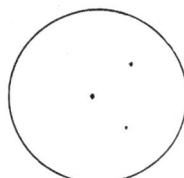

**2**
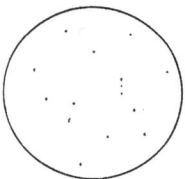 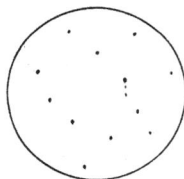

**3**
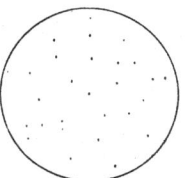 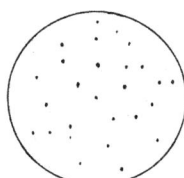

**4**
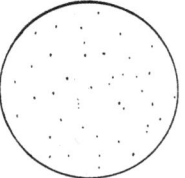 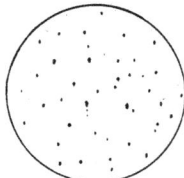

**5**
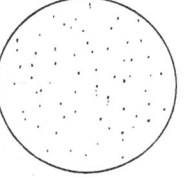 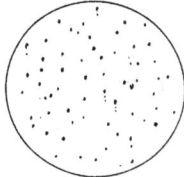

www.ingramcontent.com/pod-product-compliance
Lightning Source LLC
Chambersburg PA
CBHW052206270326

41931CB00011B/2240